半刚性基层沥青路面抗裂土工布应力吸收层设计与施工

付 伟 冯振中 颜玉进 编著

中国建筑工业出版社

图书在版编目（CIP）数据

半刚性基层沥青路面抗裂土工布应力吸收层设计与施工/付伟等编著. —北京：中国建筑工业出版社，2017.7
ISBN 978-7-112-20964-4

Ⅰ.①半… Ⅱ.①付… Ⅲ.①半刚性基层-沥青路面-抗裂性-土建织物-研究 Ⅳ.①U416.217

中国版本图书馆 CIP 数据核字（2017）第 149183 号

本书针对防治半刚性基层沥青路面反射裂缝的工程需求，围绕土工布应力吸收层的应用关键技术，系统阐述了半刚性基层沥青路面土工布应力吸收层的设计与施工的方法及工程实践。主要内容有：绪论、聚丙烯抗裂土工布基本材料性能研究、聚丙烯抗裂土工布材料耐久性研究、半刚性基层沥青路面抗裂土工布应力吸收层的适用性研究、半刚性基层沥青路面抗裂土工布应力吸收层设计、半刚性基层沥青路面抗裂土工布应力吸收层施工、工程实例、附录。

本书可供从事公路沥青路面设计、施工、科研和养护管理工作的技术人员参考，也可作为相关专业大专院校师生学习用书。

责任编辑：杨　允
责任设计：李志立
责任校对：焦　乐　张　颖

半刚性基层沥青路面抗裂土工布
应力吸收层设计与施工

付　伟　冯振中　颜玉进　编著

*

中国建筑工业出版社出版、发行（北京海淀三里河路9号）
各地新华书店、建筑书店经销
北京科地亚盟排版公司制版
廊坊市海涛印刷有限公司印刷

*

开本：787×1092毫米　1/16　印张：9¾　字数：206千字
2017年11月第一版　2017年11月第一次印刷
定价：**40.00元**
ISBN 978-7-112-20964-4
（30604）

版权所有　翻印必究
如有印装质量问题，可寄本社退换
（邮政编码 100037）

前　言

半刚性基层沥青路面作为我国常用的路面结构形式，具有强度高、平整度好及抗行车疲劳性能好的特点，再加上半刚性基层板体性好，利于施工机械化且工程造价低，为交通基础设施建设提供了有力支持。但半刚性基层沥青路面在温度梯度和湿度变化下易产生收缩开裂，车辆荷载和温湿条件反复循环的作用加速裂缝向上反射到沥青面层，从而造成半刚性基层沥青路面的损坏尤其是早期反射裂缝普遍存在，严重影响路面的使用品质和使用寿命。工程实践表明反射裂缝已成为该类路面结构的主要缺陷。

半刚性基层沥青路面反射裂缝处治技术有很多，减少无机结合料稳定层收缩裂缝、增加沥青混合料层厚度、设置具有隔离或加筋作用的功能层，均可以起到减少或延缓反射裂缝的作用。上述常用措施的抗裂机理各不相同，均可达到一定的防裂效果。设置土工布应力吸收层是一种经济效益较好的方法，在国内外得到了广泛的应用。这种方法能够起到改善面层底部应力状态，减少沥青面层以下基层裂缝拉应力向上传递的强度，是一种比较有效的措施。土工布应力吸收层处治作为一项"老"而"新"的技术，在半刚性基层沥青路面有较多的应用，但其设计方法、施工工艺并不完善，也没有形成系统的检测与评价方法。

土工布应力吸收层技术作为一项实用、先进、经济的处治技术，在工程中有较多应用。为达到良好的工程应用效果，采用合理的设计、施工、检测方法是其关键所在。中交第二公路勘察设计研究院有限公司结合承担的国内外大量公路勘察设计项目，在收集国内外大量资料和广泛调研基础上，通过开展相关专题研究、案例分析和经验总结，针对半刚性基层沥青路面土工布应力吸收层应用的关键技术进行深入研究，突出安全、耐久、节约、和谐的新理念，系统集成创新了半刚性基层沥青路面抗裂土工布应力吸收层设计、施工、质量检验与评定应用成套技术。

本书针对防治半刚性基层沥青路面反射裂缝的工程需求，围绕土工布应力吸收层的应用关键技术，系统阐述了半刚性基层沥青路面土工布应力吸收层的设计与施工的方法及工程实践。全书共分为正文7章，附录6个，由付伟、冯振中统稿。第1章绪论，主要阐述了半刚性基层沥青路面的特点、典型病害、土工布应力吸收层防治反射裂缝技术特点及原理等，由付伟撰写；第2章聚丙烯抗裂土工布基本性能研究，介绍用于防治反射裂缝的抗裂土工布材料基本性能及工程影响因素，由颜玉进、何斌撰写；第3章聚丙烯抗裂土工布材料耐久性研究，分析了施工及运营过程热效应对聚丙烯材料长期耐久性能衰减的作用规律，由付伟撰写；第4章半刚性基层沥青路面抗裂土工布应力吸收层的适用性研究，针对不同条件下半刚性基层沥青路面的结构性能分析，总体提出了抗裂土工布应力吸收层的适用性，由付伟、钱劲松撰写；第 5 章半刚性基层沥青路面抗裂土工布应力吸收层设计，针对工程设计特点，讨论了抗裂土工布应力吸收层设计的主要影响因素，给出了设计流程、方法与参数指标，由付伟、辛顺超撰写；第 6 章半刚性基层沥青路面抗裂土工布应力吸收层施工，从试验路选取、施工工序、施工参数、检测方法等方面，分析了抗裂土工布应力吸收层主要施工影响因素，总结了现场施工工艺，形成了施工质量控制方法与标准，由冯振中、颜玉进撰写；第 7 章工程实例，结合项目研究成果，展示了实际工程案例，由冯振中撰写。附录包括 6 个与抗裂土工布应力吸收层技术应用相关的试验方法与记录表格，由付伟、辛顺超撰写。

在本书即将付梓之时，首先感谢西藏自治区交通运输厅、中交第二公路勘察设计研究院有限公司为本书的完成提供资金支持和人力保障；还要感谢苏交科集团股份有限公司的吴钊、李宁，同济大学陈欣然，招商局重庆交通科研设计院有限公司，西藏自治区交通勘察设计研究院为本书的理论及试验分析，提供了部分验证和对比数据；感谢刘帅、谷利宙对本书的校核，为本书的撰写提供了有益的帮助。

本书在编制过程中得到了各级领导及同仁关心、支持与协助，并提供了部分文字及图表资料，在此一并致谢。

本书基于常用的半刚性基层沥青路面反射裂缝处治方法，对土工布应力吸收层用于防治半刚性基层沥青路面反射裂缝的技术应用问题进行了分析，总结了半刚性基层沥青路面抗裂土工布应力吸收层设计方法与施工技术，具有一定的实际可操作性，能够为有关工程设计、施工、检测、科研提供参考及借鉴。限于成书时间仓促和作者水平有限，书中难免存在疏漏和不足，欢迎读者批评指正。

编著者
2017 年 8 月

目　录

第1章　绪论 ……………………………………………………………………… 1

 1.1　半刚性基层沥青路面的发展 ………………………………………………… 2
 1.2　半刚性基层沥青路面的基本特性 …………………………………………… 5
 1.3　半刚性基层沥青路面反射裂缝的形成 ……………………………………… 8
 1.4　典型反射裂缝病害防治措施 ………………………………………………… 12
 1.5　抗裂土工布应力吸收层防治反射裂缝新技术 ……………………………… 17

第2章　聚丙烯抗裂土工布基本材料性能研究 ………………………………… 22

 2.1　抗裂土工布材料性能的影响因素 …………………………………………… 23
 2.2　聚丙烯抗裂土工布基本物理力学特性 ……………………………………… 23

第3章　聚丙烯抗裂土工布材料耐久性研究 …………………………………… 29

 3.1　热效应研究 …………………………………………………………………… 29
 3.2　热冲击性能研究 ……………………………………………………………… 33
 3.3　温度敏感性试验 ……………………………………………………………… 37
 3.4　温度传递特性试验 …………………………………………………………… 38

第4章　半刚性基层沥青路面抗裂土工布应力吸收层的适用性研究 ………… 42

 4.1　半刚性基层沥青路面结构层力学响应规律 ………………………………… 42
 4.2　加铺抗裂土工布应力吸收层对半刚性基层沥青路面层间黏结的影响 …… 54
 4.3　典型条件下抗裂土工布应力吸收层的适用性分析 ………………………… 66

第5章　半刚性基层沥青路面抗裂土工布应力吸收层设计 …………………… 69

 5.1　抗裂土工布应力吸收层设计的主要影响因素分析 ………………………… 69
 5.2　抗裂土工布应力吸收层设计流程与方法 …………………………………… 87
 5.3　抗裂土工布应力吸收层材料设计参数与标准 ……………………………… 91

第6章　半刚性基层沥青路面抗裂土工布应力吸收层施工 …………………… 99

 6.1　抗裂土工布应力吸收层施工的主要影响因素分析 ………………………… 99

6.2 抗裂土工布应力吸收层施工工艺……………………………………… 107

6.3 抗裂土工布应力吸收层施工质量验收与评定标准……………… 120

第7章 工程实例………………………………………………………… 123

7.1 工程背景…………………………………………………………… 123

7.2 方案论证与初选…………………………………………………… 123

7.3 现场施工应用……………………………………………………… 124

7.4 施工质量检验……………………………………………………… 127

7.5 质量验收与评定…………………………………………………… 130

附录 A　抗裂土工布吸油率试验方法……………………………… 131

附录 B　直剪试验方法………………………………………………… 133

附录 C　拉拔强度试验方法…………………………………………… 135

附录 D　洁净度试验方法……………………………………………… 137

附录 E　热沥青洒布量检测方法……………………………………… 139

附录 F　抗裂土工布质量验收评定表………………………………… 140

参考文献…………………………………………………………………… 143

第 1 章 绪 论

随着我国社会和经济的发展,各行业对道路交通运输提出了更高的要求。我国内地高速公路的建设从 20 世纪 80 年代的"零"起步,建成第一条高速公路;2001 年达到 1.9 万公里,跃居世界第二;2012 年高速公路通车里程已达 9.6 万公里,超越美国的 9.2 万公里,居世界第一;截至 2015 年底,高速公路通车里程达 12.35 万公里,稳居世界第一[1]。近年高速公路里程变化如图 1-1 所示。短短 30 年左右,我国高速公路建设取得了跨越式的飞速发展,"7 射、9 纵、18 横"国家高速公路网已经基本建成。

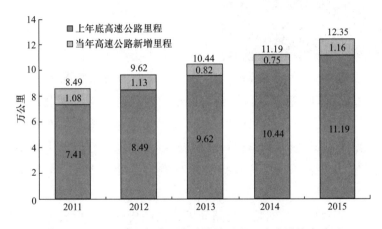

图 1-1 2011~2015 年全国高速公路里程(未含港澳台地区)

2016 年全国交通运输工作会议上,时任交通运输部党组书记、部长杨传堂表示"十二五"为我国由"交通大国"迈向"交通强国"奠定了坚实基础。随着《国家公路网规划(2013 年~2030 年)》的批准实施,到 2030 年,随着交通运输的现代化进程加速,我国将成为名副其实的世界交通大国。"十三五"时期要加快推进综合交通、智慧交通、绿色交通、平安交通建设,加快完善综合交通基础设施网络,加快提升综合交通运输供给能力和服务品质,不断提高创新能力。

我国公路交通正处于扩大规模、提高质量的快速发展时期。但是,我国基础十分薄弱,公路建设总体上与发达国家的先进水平相比还有较大差距,运输服务水平也亟待提升。良好的公路路面服务功能,是保障道路交通服务水平的重要支撑。

目前,我国公路路面结构主要分为沥青路面和水泥混凝土路面两种类型。在我国公路建设不断发展的过程中,沥青路面结构作为主要的路面结构形式被广泛应用。据统计,目前我国通车的公路路面中,约 15%~19%的路面结构采用了沥青路面,其中高等级公路均以沥青路面为主,占比达 85%以上,沥青路面结构已成为我国公路建设发展过程中所采用的主要路面结构形式。沥青路面结构具有很多优点和技术特点，表现在[2]：

(1) 使用效果

① 具有平整、坚实无接缝、行车平稳的特点。平整有利于减少油料消耗和轮胎磨耗，延长车辆使用寿命，行车舒适，降低噪声。

② 密实型沥青面层透水性较小，能有效防止路表水进入路面结构层和路基内，从而使路面的强度比较稳定。

③ 可以适用于所有等级的公路。

图 1-2　已建成的沥青路面高速公路

(2) 施工养护

① 沥青面层适宜于机械化施工。

② 沥青混合料的生产可以工厂化，质量较容易得到保证。

③ 施工进度快，完成后可以立即通车。

④ 养护方便。

在已经建成的高速公路沥青路面中，大部分路面的使用状况是比较好的，如图1-2 所示。不过，我们也清楚地认识到，由于我国高速公路的建设起步晚，技术储备较少，经济基础较差，以及我国的气候和交通荷载条件恶劣，车辆超载严重，优质的道路石油沥青缺乏等原因，部分高速公路沥青路面的建设水平并不如人意，甚至发生了通车头几年就不得不大规模维修车辙、开裂、泛油、坑槽等早期损坏的现象[3]。

与沥青路面相对应，我国高速公路沥青路面结构的基层形式大部分采用了半刚性基层。在粉碎的或原状松散的土、砂石中掺入一定量的无机结合料（水泥、石灰或工业废渣等）和水，拌和后经压实与养生，其抗压强度符合规定要求的材料称为无机结合料稳定材料。无机结合料稳定材料的刚度介于柔性路面材料和刚性路面材料之间，常称此为半刚性材料，以此修筑的基层（底基层）亦称为半刚性基层（底基层），在此基础上修筑的沥青路面称为半刚性基层沥青路面。

半刚性基层沥青路面在中国公路建设中具有重大的历史意义，鉴于半刚性基层沥青路面强度大、平整度好及抗行车疲劳性能好的优点，再加上半刚性基层板体性好，利于施工机械化且工程造价低，直至目前，这种路面结构形式被广泛采用，成了中国高速公路的典型结构（截至 2014 年年底，全国已建成通车高速公路中 85%以上为半刚性基层沥青路面结构[4]）。

1.1　半刚性基层沥青路面的发展

随着国民经济的迅猛发展，交通量增长和车辆轴载增加已成必然，为适应交通的快速发展，我国路面基层结构形式也在不断更新和完善之中，对于基层的应用也经历了如下三个阶段[5,6]：

(1) 20世纪50年代。适应中、低交通的泥结碎石及级配砾石路面，基层主要采用手摆片石、碎石土、碎砖等当地材料，当时的交通量小，能承担一定的交通量。

(2) 20世纪60、70年代。为改善路面行车质量，采用沥青表面处治路面，原来的泥结碎石及级配砾石路面改作基层，但在推广中越来越明显地暴露出水稳性不好的弱点。针对这种现象，当时用掺灰的方法对基层进行了处理，收到了一定的效果。

(3) 20世纪80年代后。随着我国经济的迅速发展，高等级公路的里程不断增加，交通量大增。为适应高等级公路重交通、重载，提高路面的整体强度和平整度，对基层的要求也更高。原有的级配碎石基层暴露出很大的弊端，容易导致新建或改建的高等级公路沥青路面发生一些严重的早期损坏现象，于是普遍采用一种无机结合料稳定粒料（土）类基层，即在路面材料中掺入一定比例的石灰、水泥、粉煤灰或其他工业废渣等结合料，加水拌和形成混合料，经摊铺压实及养生后形成路面基层。进入20世纪90年代以后，半刚性基层被广泛应用于国内二级以上公路（含高速公路），成为主要的基层结构形式。

表1-1为我国早期建设的一些高等级公路的路面结构，表1-2为我国近期建设的一些高速公路半刚性基层沥青路面结构。

我国早期建设的一些高等级公路半刚性基层沥青路面结构[7]　　　表1-1

公路名称	沥青面层	基层	底基层
广东—佛山	4cm中粒式AC+5cm粗粒式AC	25cm水泥碎石或31cm水泥石屑	25～28cm水泥土
京津塘	5cm中粒式AC+6cm粗粒式AC+12cm沥青碎石	20～25cm水泥粒料或二灰碎石	25～35cm石灰土、石灰水泥土、二灰土
济南—青岛	4cm中粒式+5cm粗粒式AC+6cm粗粒式AC	24cm二灰粒料	42cm石灰土、二灰土
上海—嘉定	4cm细粒式AC+6cm粗粒式AC+7cm粗粒式AC	46cm二灰碎石	20cm砂砾
上海—南京	4cm中粒式AC+6cm粗粒式AC+6cm沥青碎石	18～40cm二灰碎石	17～33cm二灰土 30～41cm二灰土
西安—铜川	4cm中粒式AC+8cm沥青碎石	18cm二灰砾石	30cm二灰土
西安—临潼	4cm中粒式AC+5cm粗粒式AC+6cm沥青碎石	20cm二灰砂砾	20cm二灰土
西安—宝鸡	4cm中粒式AC+8cm粗粒式AC+0.7cm沥青石屑下封层	20cm二灰砂砾	20～25cm二灰土
沈阳—大连	4cm中粒式AC+5cm粗粒式AC+6cm沥青碎石	20cm水泥稳定砂砾	15～35cm级配砂砾

我国近期建设的高等级公路半刚性基层沥青路面结构 表 1-2

公路名称	面层类型与厚度	基层类型与厚度	底基层类型与厚度
河北荣乌高速徐水至涞源段	4cm AC-13C 6cm AC-20C 12cm ATB-30	40cm 水稳碎石	20cm 石灰土
河南三淅高速灵宝至卢氏段	4cm AC-13C 6cm AC-20C 8cm AC-25C	36cm 水稳碎石	18cm 水稳碎石
湖北宜昌至巴东高速	5cm SMA-16 6cm AC-20C 7cm AC-25C	36cm 水稳碎石	20cm 水稳碎石
四川巴中至达州高速	4cm AC-13C 6cm AC-20C 6cm AC-20C	20cm 水稳碎石	30cm 水稳碎石
贵州平塘至罗甸高速	4cm SMA-13 6cm AC-20C 8cm AC-25C	35cm 水稳碎石	20cm 级配碎石
陕西神木至府谷高速	5cm AC-16 6cm AC-20 12cm ATB-30	36cm 水稳碎石	18cm 水稳碎石
广西玉林至湛江公路（广西段）	4cm AC-13C 6cm AC-20C 8cm AC-25C	36cm 水稳碎石	20cm 水稳碎石
广东兴汕高速五华至陆河段	4.5cm GAC-16C 5.5cm GAC-20C 7cm GAC-25	36cm 水稳碎石	20cm 水稳碎石

从国外沥青路面结构情况的分析可知，许多国家20世纪70年代以前普遍使用半刚性基层沥青路面，虽然后来大部分转向使用柔性基层，但现在仍然有些国家在使用[8-11]。目前，世界上采用半刚性基层沥青路面结构形式的国家主要有法国、南非以及我国，美国、德国、日本等国家也有应用。

法国的半刚性基层采用水硬性结合料稳定材料，其总厚度为25～65cm，沥青混凝土厚度为6～14cm。在采用半刚性基层沥青路面结构时，直接在半刚性基层上铺筑沥青混凝土，但法国采取了对半刚性基层沥青路面结构反射裂缝进行严格处理的措施，然后按照一定的使用年限，在半刚性基层沥青路面结构上不断罩面，以保证沥青路面结构保持较好的长期使用性能。实际上，我国采用的半刚性基层沥青路面结构形式在很大程度上是借鉴了法国的经验，特别是在半刚性基层沥青路面典型结构的研究方面[12,13]。

南非在采用水泥稳定基层时，需要预先对干、湿缩裂缝做维修处理。其对半刚性基层的应用经历了两个发展阶段。高强度阶段，水泥稳定材料的强度大于5MPa，路面发生大量损坏。于是降低半刚性基层强度为2～3MPa，在半刚性底基层上直接铺筑沥青稳定碎石基层时，沥青层厚一般为16～23cm；在原有基层上设置级配碎石或沥青碎石层时，沥青层厚一般为5cm。南非的经验显示，半刚性基层沥青路面性能不仅和材料的参数设计及结构层厚有关，路面结构的合理组合也是保证其使用性能的关键。

半刚性基层沥青路面曾经是美国沥青路面结构的主要类型[14]，但20世纪70年代后，半刚性材料使用越来越少，即使使用半刚性材料，也趋于作为底基层，一般厚度为15～30cm。加利福尼亚州将水泥处治基层分为A，B两个等级：A级要求水泥稳定基层的7d强度为5.2MPa，主要用于交通量较大的州级公路中；B级的典型水泥剂量为2%～3%，实际上为水泥稳定土，广泛用于交通量较小的公路上。

德国沥青路面结构历来以柔性结构为主，且沥青层较厚，在1986年的典型路面结构表中，明确表明半刚性材料不允许用作路面结构的基层，半刚性材料只能作为底基层，且厚度统一采用15cm。半刚性结构层根据厚度、强度以及上面的沥青结构层总厚度来确定是否切缝留槽，需要切缝时一定要进行，这样可使结构层中的能量提前释放，即使开裂，也是有规律、好预防的。

日本半刚性基层沥青路面主要使用在较低交通量的道路上，沥青材料层厚度20～30cm，水泥碎石厚20～30cm，水泥稳定材料的水泥含量为2%～3%，并且要求半刚性材料基层和沥青面层在同一年内施工。

国外半刚性材料在路面中的应用，做法与国内有以下不同之处：

(1) 半刚性材料主要用来改善和加强路基强度，一般不直接作为基层。

(2) 半刚性材料上通常设柔性基层作为过渡层。

(3) 半刚性基层强度较国内要求低。

1.2 半刚性基层沥青路面的基本特性

1.2.1 半刚性基层沥青路面结构

我国的高速公路路面结构，85%以上采用半刚性基层沥青路面。半刚性基层沥青路面各个结构层发挥各自的使用功能和受力优势。

明确沥青路面结构各层的作用是为了更好的实现路面结构设计功能，文献[15]对各结构层的作用描述如下：

(1) 面层。面层是路面结构层最上面的一层，路面的使用品质主要由面层来体现。面层由承重层、磨耗层和保护层组成。承重层承受车轮的垂直荷载作用，是面层中的主要部分；磨耗层承受车轮的水平力和吸附作用，也受气温、湿度、雨水等自然因素的影响；保护层的主要作用是保护磨耗层，延长磨耗层的使用期限，在新建的路面上还起保护路面下层成型的作用。面层是路面结构的表面部分，受车轮的垂直荷载、水平力和吸附作用以及自然因素影响最大，因此一般用强度高、稳定性好的矿料和结合料来铺筑。

(2) 黏结层。为了适应路面结构整体性能的需要,在面层与基层间需要加设一层黏结层,目的在于加强面层与基层之间的黏结,以防止面层沿基层表面滑移,并消除因基层开裂而反射到面层的不利影响。

(3) 基层。主要承受面层传递下来的车轮荷载,并把它扩散分布到下面的结构层上去,能起到减小面层厚度的作用。基层基本上不受车轮水平力和吸附作用,同时也不受大气作用的直接影响,对材料的抗剪和抗磨耗强度要求较低,但要求有足够的抗压强度。基层一般用碎石、砾石、石灰土或各种工业废渣等材料来修筑。

(4) 底基层。当基层分为两层铺筑时,其下面的一层叫作底基层。底基层设置的目的是为了分担基层的承重作用,以减薄基层的厚度,一般采用强度稍低的材料修筑。

(5) 垫层。在路基排水不良或有冻胀的路段上需要设置垫层。垫层一方面起排水、蓄水、隔温、防冻和稳定路基的作用,另一方面也能协助底基层和基层分担由上层传递下来的荷载。

半刚性基层的突出优点表现在于[6,16]:(1) 具有较高的强度和承载能力,后期强度高且随龄期不断增长的特性。资料显示,近年来国内多数高速公路路面结构在使用期内的代表弯沉均在 20 (1/100mm) 以内。为此,许多业内人士积极推行"强基薄面"理论,即认为半刚性基层沥青路面的承载能力完全可由半刚性基层予以满足,沥青面层可仅起功能层的作用,因而可以减小沥青面层厚度,降低工程造价。(2) 刚度大。半刚性基层抗压回弹模量值可高达 1800MPa,致使沥青面层弯拉应力相应减小,从而提高沥青面层抵抗行车疲劳破坏的能力。基层模量较大,面层极少出现拉应力状况,沥青面层几乎完全处于受压状态。(3) 稳定性好。半刚性基层材料具有较高的水稳性和冰冻稳定性,因此在水的作用以及多次冻融反复作用下,不影响半刚性材料基层的承载能力。另外,半刚性基层材料板体性好,利于机械化施工,工程造价低,能适应重交通发展需要。

当然,半刚性基层也存在一些不足[7,17],主要体现为:(1) 半刚性基层的收缩开裂引起的沥青路面反射裂缝不同程度的存在。(2) 半刚性基层基本上是不透水或者渗水性较差的材料,水从各种途径进入路面并到达基层后,不能从基层迅速排走,只能沿沥青层和基层的界面扩散、积聚。所以,半刚性基层沥青路面的内部排水性能差是造成路面损坏的重要原因。(3) 半刚性基层有很好的整体性,但是在路面使用过程中,半刚性基层材料的强度、模量会在干湿、冻融循环以及荷载的反复作用下因疲劳而逐渐衰减。按照南非的理论,半刚性基层的状态是由整块向大块、小块、碎块变化的,按照整体结构设计路面是偏于不安全的。(4) 半刚性基层损坏后没有愈合的能力,且难以进行修补。半刚性基层一旦破坏,便无计可施,除了"开膛破肚"式挖除重建外,别无他法。(5) 半刚性基层很难跨年度施工,无论是直接暴露还是铺上一层下面层过冬,都不同程度会发生横向收缩裂缝,甚至在冬天就从缝中进水或融雪，半刚性基层暴露的还可能冻疏，影响强度的形成。在季节性冰冻地区，半刚性基层的冻融损坏几乎难以避免。（6）半刚性基层施工表面处理和控制比较困难。半刚性基层铺筑后的养生阶段，如果没有做好下封层和透层油，很容易在施工车辆的作用下形成浮灰、浮土、浮砂，它们很难被清除掉，即使清除了，补洒透层油也比较困难，这将严重影响半刚性基层与沥青面层的黏结，使界面条件发生变化。(7) 半刚性基层沥青路面对重载车具有较大的载荷敏感性。重载车换算为标准轴载时，对柔性基层通常是按 4 次方进行换算，而对于半刚性基层来说，随着基层和沥青层的模量比的增大，换算荷载的次方数将可能是 12~15 次方。

1.2.2 半刚性基层沥青路面结构特征与力学响应

我国高速公路上的半刚性路面通常由半刚性材料底基层、半刚性材料基层和沥青面层构成。在已开放交通的高速公路半刚性基层沥青路面中，沥青面层厚度多数为 15~18cm，基本分三层铺筑。较厚的如京津塘高速公路为 18~23cm，广深高速公路为 32cm，这类较厚的沥青面层一般分四层铺筑[18]。

沥青面层有 3 层时，从上往下常分为上面层、中面层和下面层。通常上面层厚 4cm，中面层厚 5~6cm，下面层厚 6~7cm。沥青面层为 2 层时，分别称为表面层和底面层，厚度一般为 4cm 和 8cm。沥青面层一般不作为承重层，只要求它起功能性作用，主要为车辆行驶提供平整、抗滑的行车环境，以及抵抗在荷载和温度作用下的开裂、变形（车辙）和水损害等。

根据沥青路面的特点，基层的强度和厚度是保证沥青混凝土路面耐久性的关键所在。据调查分析，我国高速公路的半刚性基层通常厚 30~40cm 左右，是路面的主要承重层，再用一层半刚性底基层，厚 18~20cm。在严重超载和车辆多为运煤和运砂石材料的道路上，往往采用更厚的半刚性基层，厚度达 50~60cm。

《公路沥青路面设计规范》（JTG D50—2006[19]）以路表弯沉值作为主导设计指标。在早期荷载轻、交通量小、路面薄且结构单一的背景下，路表弯沉能够较好地反映路面承载能力，控制路基永久变形，作为设计指标是合适的。随着路面结构层厚度增加和结构组合多样化，路表弯沉作为设计指标的不足逐渐显现。不同类型路面结构，弯沉值大的路面结构并不一定比弯沉值小的使用寿命短或性能差，因而弯沉值无法作为评判不同路面结构性能优劣的依据。此外，随着路面结构层数和材料组合方案增加，路面病害形式越发多样。路面结构类型多样性和路面性能影响因素复杂性，采用单一设计指标难以控制多种病害类型，需要增加相应设计指标，以涵盖主要病害类型，控制路面相关性能。国际上，沥青路面设计方法发展趋势也是综合运用多项性能指标进行设计。即将正式实施的《公路沥青路面设计规范》（JTG D50—2017）[20]采用了沥青混合料层疲劳、无机结合料稳定层疲劳、沥青混合料层永久变形指标作为半刚性基层类沥青路面的设计指标。

在较薄沥青面层的情况下，半刚性基层沥青路面结构设计受控于基层底部的疲劳开裂。半刚性材料较沥青混凝土面层具有高的应力比，使得其有可能先于面层达到疲劳寿命，且半刚性基层材料强度、模量等力学指标在使用过程中会因为重复荷载和环境因素影响逐渐衰减，更由于超载以及施工质量等因素，使得基层材料较早地达到设计疲劳寿命而产生结构性破坏，从而使得沥青路面因面层层底拉应力过大而产生疲劳开裂，造成路面损坏。半刚性基层沥青路面耐久性不足的问题既有结构类型、施工质量、养护管理等方面的原因，也与面层和基层材料耐久性不足有着紧密的联系。

因此，可采用合理的结构层次、合理的基层厚度、合理的材料组成等，并采取切实有效的技术措施防止或延缓沥青路面开裂和反射裂缝的产生，来提高基层材料耐久性。这样才能使半刚性基层沥青路面真正体现"优面强基稳定土基"的路面结构组合原则[7]与力学响应最优原则，使其在技术上更完善、经济上更合理。

1.3 半刚性基层沥青路面反射裂缝的形成

1.3.1 半刚性基层沥青路面病害分析

半刚性基层因其优良的特性，取材方便及经济性良好，在我国得到大范围使用。但使用过程中，半刚性基层导致的路面结构病害现象明显，不仅影响外观和行车舒适性，而且将造成路表水下渗，进一步导致基层破坏并影响路基稳定性，同时严重影响半刚性基层的疲劳寿命[21]。

对高速公路和一般公路半刚性基层沥青路面损坏的调研分析表明，半刚性基层沥青路面的典型损坏方式包括横向裂缝、纵向裂缝、车辙、网裂、块裂、唧浆、坑洞等。在常规路面结构和正常施工条件下，低温引起的横向收缩裂缝是半刚性基层沥青路面主要的损坏形式。在多雨地区，坑洞、松散等水损坏现象更为突出。在重载或大交通量条件下，车辙、结构层弯拉引起的纵向和横向裂缝、块裂和网裂也是常见的破坏形式。当施工不当时会引起层间分离、结构层松散等病害[22]。

半刚性基层路面早期较柔性基层路面更容易出现裂缝[23]，调查表明：我国半刚性基层路面，在通车后1～2年内均出现了大量裂缝。导致裂缝出现的原因有很多，沥青混合料和基层材料的性质、气候条件、交通荷载情况以及施工等因素。裂缝是半刚性基层沥青路面常见的一种损坏。按照裂缝的形状和方向，可将裂缝分为纵向裂缝、横向裂缝、龟裂以及块裂。按照裂缝的成因则可分为荷载裂缝、温度裂缝、干缩裂缝以及反射裂缝[24]。

裂缝是半刚性基层沥青路面结构的主要病害。不论是北方冰冻区还是南方非冰冻区，半刚性基层沥青路面裂缝病害十分严重。裂缝在水的浸泡以及行车荷载的作用下，由线性破坏迅速发展为网状开裂，直至结构性破坏。再加上温、湿度变化，反射裂缝的产生及发展削弱了结构强度，加速了面层破坏。传统灌缝处理受施工季节、机械等因素制约,并不能够起到作用。

1999~2003年河北地区对半刚性基层抗裂性能进行了调查[25]。河北省境内石安高速公路河北段1997年12月竣工,1999年1月发现横向裂缝86条,纵向裂缝2条;2001年3月,发现横向裂缝2188条,纵向裂缝49条;至2002年8月,裂缝已发展为全线7400m。保津高速1999年底竣工,到2000年9月,裂缝长度已达7520m,纵缝宽度达9mm;2001年11月,裂缝总长度达22500m,最大裂缝宽度为17mm;至2002年10月,裂缝已发展到71500m,在较为严重的路段,已出现错台。宣大高速公路河北段,2000年12月竣工,到2003年4月,横向裂缝共计8876条,纵向裂缝共计20条,其中绝大多数横向裂缝为贯通裂缝,轻微横向裂缝宽度为1~5mm,重度横向裂缝宽度为6~15mm,个别严重的横向裂缝达到20~24mm。路况调查结果表明:半刚性沥青路面通车后1~2年出现裂缝,缝距为10~20m,短则3~5m,且普遍存在;通车后1年,最迟2年就要维修,3~5年就要大修,开裂现象十分严重。

横向裂缝是沥青路面最常见的裂缝类型。横向裂缝的方向垂直于道路中心线,裂缝间隔不等且数量逐年增加,如图1-3所示。横向裂缝的主要原因是温度变化、基层裂缝和施工搭接。半刚性基层沥青路面的横向裂缝绝大部分是反射裂缝[26]。

半刚性基层材料在外界温度、湿度变化下产生干温缩裂。在干温收缩应力进一步作用下,裂缝顶端产生较大拉应力,造成基层裂缝沿面层底部向上反射直至贯通。

图1-3 半刚性基层沥青路面典型反射裂缝

造成以上情况的根本原因是对半刚性基层沥青路面结构组合设计原则的忽视,没有全面地认识半刚性材料的优缺点,而只片面强调了其强度高、板体性好的优点,忽视了其易开裂特点,忽视了其对水稳性差的特点,忽视了其结构对自然环境的适应性[2]。因此,提高半刚性基层沥青路面结构使用性能的思路是:既充分发挥半刚性材料的优点,又通过设置必要的结构层,来弥补半刚性材料的缺陷。

显然,研究和解决半刚性沥青路面基层反射裂缝,对于进一步完善半刚性沥青路面的使用功能和延长其使用寿命具有重大意义及实用价值。

1.3.2 反射裂缝的基本类型与影响因素

目前,我国半刚性基层路面中基本上采用水泥、石灰、粉煤灰等水硬性结合料处治稳定碎砾石等基层材料。这类材料形成的路面结构层可能因结合料的凝固变形或干缩,或者因季节、昼夜温差引起收缩,在其结构层内部产生收缩裂缝。沥青面层对温度变化较敏感,尤其是在低温环境时,将在交通荷载和温度应力的循环作用下,在基层开裂处大体对应的面层底部产生应力集中,并向面层扩展而形成的裂缝称为基层反射裂缝。

根据其成因分为荷载型反射裂缝和温度型反射裂缝两种[27]。其中,荷载型反射裂缝主要是由交通荷载作用产生的疲劳裂缝,开裂方式表现为张开型和剪切型。车轮荷载驶过反射裂缝时对沥青面层产生两次剪切、一次弯曲作用。车轮荷载位于反射裂缝正上方时,以张开型式引起反射裂缝;位于裂缝一侧时,主要以剪切型式引起反射裂缝,如图1-4所示。

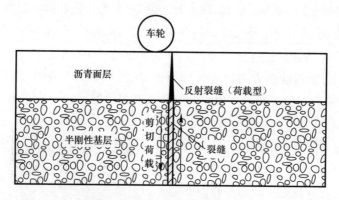

图1-4　车辆荷载引起的反射裂缝

温度型裂缝可分为低温收缩开裂和温度疲劳开裂,主要表现为张开型。温度变化引起路面结构产生两种变形:(1)温度下降沥青面层产生收缩使得裂缝面背向移动形成张开型反射裂缝;(2)四季变化以及昼夜温差导致各结构层的温度不均匀分布,产生温度梯度,并且各结构层材料具有不同的热膨胀系数,将造成沥青面层的收缩和翘曲而导致面层产生反射裂缝,如图1-5所示。

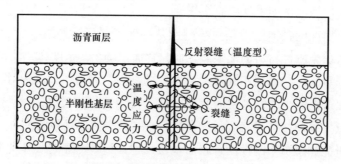

图1-5　温度变化引起的反射裂缝

材料及环境等因素是反射裂缝的重要影响因素[28-31]:

(1)水泥剂量。水泥稳定类基层强度随着水泥剂量的增加而增加。干缩和温缩而产生裂缝具有普遍性,特别是厚度较大,面积较大时,纵向的收缩就产生了横向开裂,从而达到结构内部的应力平衡。

(2)结构刚度。半刚性基层具有一定的刚度,刚度来源于强度和结构厚度,使结构具有板块整体性。这一特性增强了其抵抗外部荷载作用而产生的弯拉应力,但是刚度太大，结构收缩也会增加。刚度较大除加剧水稳层的收缩外，也会出现强度不均匀，造成干缩和温缩的变化不均匀。

（3）结构厚度。水泥稳定基层的厚度对干缩和温缩的影响也较大，经查阅有关资料，水泥稳定类不易产生裂缝的最佳厚度为14cm以下，厚度增大的同时也增加了结构的刚度，导致干缩变形叠加，造成干缩变形的加剧，从而增加了收缩裂缝的产生。

（4）基层。基层材料收缩性愈小，产生裂缝愈少，《公路路面基层施工技术细则》JTG/T F20对于水泥稳定基层的级配范围作了明确规定，二级及二级以下公路基层的水泥稳定集料的颗粒组成范围较宽，在施工中只要控制最大粒径，容易满足。在施工中还发现10mm以上的粒径含量较高的地段产生的裂缝较少，而细料含量过多的地段产生的裂缝较多，这也表明细集料较多的材料以干缩为主，因此，采用的集料级配应尽可能地准确均匀。

（5）气候条件。极端最低温度、降温速率、低温持续时间、升降温循环次数是气候条件影响半刚性基层沥青路面温缩裂缝的四大要素。

（6）施工因素。包括半刚性基层材料的碾压含水率，半刚性基层完成后的曝晒时间，养生不及时等。

1.3.3 反射裂缝的形成机制

当沥青层底面出现裂缝后，裂缝扩展直到整个面层开裂的过程需要经历一个扩展阶段，包括反射裂缝在面层厚度方向的纵向扩展和在面层表面的横向扩展[32,33]。较常见的发展过程为：某几处裂缝反射至面层顶面后，在温度应力与荷载应力的持续作用下，裂缝逐渐向道路两侧扩展直至完全贯通，其中伴随着少量裂缝的纵向扩展。宏观来看，对于整个路面而言，反射裂缝发展到较为严重的程度后，其表现形式为龟裂。对于反射裂缝的防治问题来说，学术界最关心的是裂缝在厚度方向自下而上扩展的过程。

断裂力学认为，裂缝的扩展有三种位移模式[34]，分别是张开模式、剪切模式和撕开模式，如图1-6所示。

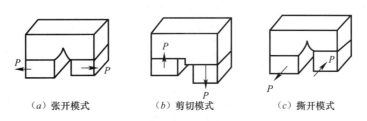

(a) 张开模式　　(b) 剪切模式　　(c) 撕开模式

图1-6　裂缝张开的三种模式[35]

其中，温度应力引起的反射裂缝为张开模式。车辆荷载对应的主要模式是张开模式和剪切模式。车轮经过裂缝正上方时以张开模式引起反射裂缝，在驶经裂缝的前后，则以剪切模式引起反射裂缝。

国外通常将半刚性基层沥青路面的非荷载型裂缝看作是反射裂缝，且认为其是由半刚性基层材料的干缩引起[36]。20世纪70年代，美国道路工作者对西德克萨斯沥青路面中出现大量裂缝这一现象进行针对性分析，对这一地区的环境、气候、路面对温度的敏感性及路面开裂机理等方面的问题进行了一系列的研究[37-39]。

国内外的研究中，对反射裂缝的产生和发展的机理达成了以下共识：（1）反射裂缝的产生主要由温度应力引起，且温度应力参与了裂缝最初的发展；（2）荷载应力的反复作用加速了反射裂缝的发展[31]。

半刚性基层开裂后，不论在交通荷载或是温度梯度作用下，裂缝均可能向面层及路面深度方向扩展。对于向面层中扩展的反射裂缝其过程一般要经历三个阶段[40]：（1）起裂阶段，半刚性基层中存在的裂缝缺陷引起沥青面层开裂；（2）稳定扩展阶段，从交通荷载或温度作用引起应力集中点开始向上扩展至沥青面层，并逐渐贯穿整个层厚；（3）破裂阶段，沥青面层经过一段时间的运营，路表出现破坏。反射裂缝出现初期对路面结构的使用性能影响并不大，但随着雨水或雪水的浸入，基层承载力的降低，将导致裂缝两侧的路面结构层出现较大的垂直相对位移，影响路面的使用性能，同时降低了路面结构整体的安全性能，严重时可导致整个路面结构的崩溃。

沥青路面反射裂缝是世界各国在沥青路面使用中的常见病害。虽然反射裂缝本身对沥青面层使用性能影响不大，但将引起路面的进一步开裂，使得裂缝迅速向四周扩展，大大缩短了罩面层的使用寿命[41,42]，出现沥青面层结构的早期破坏。因此反射裂缝是多种病害的诱因，它会对路面性能和耐久性产生严重的影响。

1.4 典型反射裂缝病害防治措施

反射裂缝对路面性能和耐久性产生不利的影响包括[43-45]：

（1）加速水对路面的破坏作用。路表出现的任何裂缝都会导致路表水有机会进入路面结构内部，甚至进入湿度敏感性较高的路基中。

（2）增大路面内部的应力和变形。裂缝造成了路面板的不连续，在行车荷载作用下，板体边缘的变形逐渐加大，在裂缝处传递较大压力至路基顶面，在路面结构内（尤其基层）产生很大的应力和变形，在行车荷载反复作用下缩短各个结构层的寿命。

（3）加速沥青面层沿裂缝的破坏。在车辆荷载、水分和霜冻等因素的综合作用下，磨耗层常会沿裂缝发生骨料或小块沥青的剥落，最终产生唧浆、台阶、网裂等病害。

（4）导致路基压应力过大。当存在裂缝，造成路面板体不连续，在行车荷载作用下将加大板体边缘的变形，从而在裂缝处传递过大压力至路基顶面。

因此，在半刚性基层路面设计和路面大修、中修工程设计中采取预防路面产生反射裂缝的措施，对提高道路的质量和使用寿命有着重要的意义。

反射裂缝是无机结合料稳定类基层沥青路面常见病害。减少无机结合料稳定层收缩裂缝、增加沥青混合料层厚度、设置具有隔离或加筋作用的功能层均可起到减少或延缓反射裂缝的作用。《公路沥青路面设计规范》（JTG D50），对减小半刚性基层沥青路面反射裂缝也给出一些防治措施。当采用无机结合料稳定类基层时，可采取下列一种或多种措施减少基层收缩开裂和路面反射裂缝：

① 选用抗裂性好的无机结合料稳定类基层。

② 增加沥青混合料层厚度，或在无机结合料稳定类基层上设置沥青碎石层或级配碎石层。

③ 在无机结合料稳定类基层上设置改性沥青应力吸收层或敷设土工合成材料。

目前国内外对减少半刚性基层沥青路面反射裂缝的主要措施是：

(1) 改善罩面层性能，提高面层强度。通过增加沥青面层厚度、使用防裂效果更好的面层以防止基层反射裂缝。

1) 增加沥青面层的厚度[46-48]

通过增加沥青面层厚度以防止基层反射裂缝，国际上通用的是将沥青面层增加至 15~25cm。增加加铺层厚度，一方面可以减少面层的温度变化，并降低加铺层的拉应力，另一方面可以增加路面结构的弯曲刚度，降低接缝处的弯沉差，减少加铺层的剪切应力，同时可以延长其疲劳断裂寿命。

但单纯依靠增加加铺层厚度的方法有其弊端，一方面增加加铺层厚度可能会受到路面标高的限制，另一方面增加加铺层厚度，必将大幅度增加路面造价；在夏季高温时沥青混合料高温蠕变易产生车辙，同时会削弱半刚性材料作基层而产生的"强基薄面"的优势，故而这一方法存在局限性。

从已铺筑的高速公路的实例来看，裂缝情况随着面层厚度的加大有明显的改善，但是，车辙随着路面厚度的增加而随之增加，如广深高速公路。

由上可以看出，通过较厚的沥青面层来防止和减少反射裂缝，在经济上不合算，还可能导致其他路面病害的发生。

2) 改善沥青面层材料抗裂性能[49-51]

国内外对沥青面层抗裂性能的研究普遍都侧重于改善沥青面层材料，在改善沥青混合料抗裂性能上有三大研究方向：一是改善沥青混合料的级配，来提高高温抗变形能力，形成不同的沥青混合料新技术，如沥青玛蹄脂碎石（SMA）、大粒径沥青混凝土（LSAM）、多碎石沥青混凝土（SAC）等；二是通过改善沥青性能品质来提高其抵抗永久变形能力，并减小温度敏感性，形成高性能沥青，如 SBS 改性沥青、SBR 改性沥青、PE 改性沥青等；三是在沥青混合料中加入纤维加筋材料以增强其抗裂性。N. M. Davis, Tons 和 Egons, D. A. Tamburro, G. H. Zuehklke 等人采用石棉纤维和金属丝等材料来改善沥青路面的抗反射裂缝性能，对纤维增强沥青混合料进行了大量的研究。美国、加拿大、德国等国采用此方法修筑了高速公路以及其他大交通量的公路，并形成专利商品的美国产品 Bonifiber，Fiberpave 等。石棉纤维对环境有污染而被禁用，同时金属不耐腐蚀，因而聚合物纤维（如聚酯纤维、聚丙烯纤维、聚丙烯腈纤维和芳纶纤维）、木质素纤维和玻璃纤维等得到了广泛应用。

（2）增加夹层，减小并延缓基层裂缝向面层反射。从结构本身入手防止和减少路面的反射裂缝，在沥青面层和基层之间设置一层弹性模量低，韧性好的材料作为应力吸收层，吸收、消散集中应力。

在1987年9月召开的第18届世界道路会议上，大家普遍认为半刚性基层道路表面的裂缝是由半刚性基层引起的反射裂缝[52]。在该大会报告的结论中提到：许多国家致力于寻求延缓收缩裂缝向上反射到路表的方法，除了增加沥青面层的厚度外，可采用插入一层由各种材料组成的抗裂层。

在半刚性基层和沥青面层之间加铺一层弹性模量低、韧性较好、能承受较大应变的应力吸收中间层，消散基层裂缝向上反射而产生的结构应力，吸收半刚性基层的收缩应力或应变，从而减少面层开裂。国内外用得较多的应力吸收中间层有橡胶粉沥青、级配碎石、土工织物等。

根据断裂力学的理论，如果面层与基层完全失去黏结就可以彻底消除基层开裂而对沥青面层的应力集中。但是不可能实现，而采用低模量的中间夹层可以一定程度实现。中间夹层通常具有较低的弹性模量且能承受很大的应变而不破坏，在路面结构中它能依靠自身的塑性变形来吸收应力，不致把很大的应变传递到面层上。国内外对此类防裂措施开展了相关研究，并取得了一定的研究成果：

1) 在面层与基层之间设置级配碎石层[53-56]

采用具有一定厚度的优质级配碎石作为上基层，而半刚性材料作为下卧层，这种上柔下刚式的"组合基层"在很大程度上能够防止和减少半刚性基层反射裂缝，同时级配碎石基层还具有排水功能。目前国内将级配碎石作为中间层的设计尚不多见，但在美国、澳大利亚以及南非应用较多，且效果较好。但是与其他方法相比，设置级配碎石层的经济性较差。

2) 加铺土工织物或格栅

无纺织物夹层的主要作用与橡胶沥青应力吸附夹层相似。而织物因模量稍高，可对加铺层起少量加筋作用[57,58]。

在半刚性基层顶或沥青层之间设置各种土工合成材料，可以提高沥青混合料的抗拉强度与抗变形能力。英国 Nottingham 大学的 S. F. Brown[59]对土工格栅防止反射裂缝进行了系统研究，并结合室内外试验、足尺试验和现场试验等方式进行了验证，通过对比加铺和未加铺土工格栅的沥青路面，认为前者比后者可以推迟疲劳裂缝出现时间，可有效减少车辙；美国德克萨斯 A&M 大学的 J. W. Button 和 R. L. Lytton[60]等人对土工织物做过系统的抗反射裂缝和沥青罩面内温度裂缝的研究。

土工织物中间层对沥青面层底的箍固作用大大增强了沥青面层的抗裂性能。在国外广泛使用。土工织物作为加铺层，多用于旧路面与加铺沥青层之间。土工织物主要有编织尼龙、无纺聚丙烯和玻璃纤维等几种，其中以无纺聚丙烯（Petromat）效果较好[61]。

格栅包括聚丙烯或聚酯土工格栅、玻璃格栅和金属格栅。土工格栅的厚度为0.8～11mm，模量为900～2500MPa，临界应力和应变与织物相近。金属格栅的厚度为2～4mm，其模量可达到8000～10000MPa。刚度大的夹层对于降低加铺层内因温度下降而引起的应力应变作用不如软夹层，但对于降低荷载产生的应力应变作用则远大于软夹层。采用复合式夹层（下层为应力吸收层，上层为金属格栅），虽然可以像软夹层那样减少温度引起的反射裂缝，但仍存在软夹层不能降低荷载应力的缺点。

各种夹层具有不同的刚度，在减少反射裂缝方面所起作用也不同。软夹层在减少温度引起的反射裂缝中可起到重要作用，但在降低荷载应力方面作用不大，而刚（劲）度与沥青加铺层材料相近的硬夹层，则对降低荷载产生的反射裂缝最为有效，但在减少温度引起的反射裂缝方面不如软夹层有效。因而，在选择夹层类型时，应对诱发反射裂缝的主要原因以及不同夹层减缓反射裂缝的效果进行具体分析。

3）在面层与基层之间铺设沥青混合料夹层

① 橡胶沥青封层[62]（SAM）和应力吸收膜（SAMI）。

国外曾采用 SBS 和 EVA（乙烯醋酸乙烯）橡胶沥青应力吸收中间层（SAMI）防止反射裂缝，具有一定效果，可以减少和延缓反射裂缝。

这种软夹层具有高弹性低劲度的特点，厚度为 10～50mm，模量为 10～100MPa。其作用为降低基层与加铺层之间的黏附阻力，使二者易于蠕动、滑移，从而减少温度下降引起的反射裂缝；同时，隔开了接缝（或裂缝）端部，可以降低加铺层底面的荷载。但 Francken 的分析，软夹层对距底面 3～5mm 以上及位于接缝（或裂缝）之间的加铺层具有不良影响，使其应力和应变比不设夹层时反而增大。

② 软沥青混凝土也可作为中间层，实践表明其在气候寒冷情况下防止反射裂缝较为有效，成功的关键在于沥青黏度和中间层厚度的合理选择。

③ 也有将开级配沥青混凝土用作中间层[63]，但沥青碎石仍具有较高模量，能传递裂缝尖端的高应力及应变。虽然该层较厚时具有较好防裂作用，但不经济。

④ 俄罗斯在 10～14cm 厚的沥青混凝土下设置乳化沥青处理集料防裂中间层或集料中间层[64]。

⑤ 为解决道路的反射裂缝问题，美国科氏（Koch）公司在 20 世纪 90 年代研制出了 STRATA 反射裂缝应力吸收层技术，并得到了应用。科氏公司通过不断创新聚合物改性沥青及可靠的混合料设计和其施工技术，提出了针对路面新建、改建和维修养护问题的解决方案。比如，在应力吸收层设计阶段用 Beam 评定疲劳性能，

采用旋转压实方法进行配合比设计等[65]。

但是，STRATA 路面系统要求沥青加铺层的总厚度至少在 10cm 以上，且应力吸收层混合料需添加专用的聚合物改性黏结剂，沥青用量也较高，设计过程需整套 Superpave 试验设备，成本较高影响了其推广使用[66]。

（3）对基层进行处理，提高基层抗裂性或稳定性：如采用性能更好的基层材料、设置基层预锯缝等措施。

1) 使用性能更好的基层材料

针对基层材料本身的抗裂措施，实际上就是采取措施减小半刚性材料的收缩性能，增强其抗开裂性能。可通过掺加添加剂或者是加筋材料来限制其收缩，也可通过改善半刚性基层材料各组成成分的性能来增强基层的抗裂性能。

通过进行半刚性基层材料的优化设计，如：调整结合料用量与比例，增加粗骨料含量并严格设计级配，尽可能地减小其温缩和干缩系数，增加半刚性基层材料的抗裂性能。但此方法不能从根本上消除半刚性材料的开裂而导致的路面反射裂缝[37]。张鹏提出了通过改善基层材料本身性能来提高半刚性基层抗裂性的措施，即在水泥稳定碎石中掺加聚丙烯纤维[67]。

在日本，用水泥和特殊沥青乳剂综合稳定的措施，使水泥与沥青混合以防水分蒸发，而沥青乳剂中的水分则供给水泥硬化，使收缩系数随沥青剂量的增加而减小[68]。长安大学的戴经梁和蒋应军[69,70]通过大量试验认为，改善半刚性材料的级配，采用骨架密实结构能显著减小半刚性基层的收缩性，增强基层的抗裂性。对于组成半刚性基层的材料来说，诸多的研究都表明：在满足设计强度的基础上限制水泥用量，并应尽量选用低标号、水化热小、干缩性小的水泥，适当加入缓凝减水剂、缓凝阻裂剂、减缩剂等外加剂[71]；为提高后期强度，减少收缩裂缝可用粉煤灰代替部分水泥剂量等。在我国高等级公路基层稳定材料中，二灰稳定粒料要比水泥稳定粒料抗收缩开裂能力强，而且能大量利用工业废料（粉煤灰），经济性好，应用非常广泛。但是，二灰稳定粒料早期强度低，施工进度受到限制，且表面松散，不利于层间结合，逐渐被水泥稳定粒料基层所代替。

2) 设置基层预切缝[72,73]

在基层施工中，防止反射裂缝产生可采取"预裂"措施，即在沥青面层铺筑之前，人为地制造规则的裂缝或不规则的裂纹网。其防裂原理主要是通过锯缝改善基层约束条件，从而在一定程度上释放应力来达到防裂目的。

德国 1986 年规范规定，当沥青罩面层的厚度小于或等于 14cm 时，不论基层厚度多大，只要基层抗压强度超过 12MPa，基层必须预先切纵缝和横缝。苏联有关规范指出，为了避免反射裂缝的产生，建议基层每隔 8～12m 做一假缝，缝深 6～8cm，缝宽 10～12mm；锯缝后立即用沥青玛蹄脂填缝，并对沥青面层产生的规则且较整齐反射裂缝也采用沥青玛蹄脂填缝。施工质量是决定其是否开裂的关键，应保证基层有足够的压实度，严格控制基层的含水率，并且为降低温差适当安排基层施工的季节和时间。

以上常用的措施机理各不相同，均可达到一定的防裂效果。其中，加铺土工材料是一种经济效益较好的方法，因此在国内外得到了广泛应用。

1.5 抗裂土工布应力吸收层防治反射裂缝新技术

近年来，各种土工材料在道路工程中应用愈来愈广泛，如土工布、土工格栅、土工薄膜等。在道路工程上，土工布多用于具有大量裂缝的旧路面上加铺新沥青罩面时，其防裂效果有好有坏[74]。现行《公路土工合成材料应用技术规范》（JTG/T D32)[75]给出了对土工布用于路面裂缝防治的技术要求，但同时强调在应用于高温混合料前，应加强室内外试验，验证可行性，取得地区性经验后再推广应用。

土工布不仅可用于旧水泥路面加铺沥青路面结构，也可用于半刚性基层沥青路面结构及其他基层有裂缝的路面结构。土工布可全幅铺设，也可以局部铺设，在路面结构中起到防水的作用；其要求有较好的抗化学侵蚀性，有较强的抗老化能力，同时对抗拉强度、拉断时的延伸率、沥青吸附性和耐热性（熔点）等物理力学性能要求较高。土工布应用于路面工程时，常铺设于旧路面的沥青加铺层底部或新建道路沥青面层底部，起减少或延缓路面的反射裂缝的产生[76]。

在土工布防治反射裂缝方面，国外研究起步较早。瑞典 Polyfelt 公司对其路面专用土工布 PGM 产品进行了室内反射裂缝抗裂性能试验，研究表明：使用 Polyfelt 路面专用土工布 PGM 后，反射裂缝出现的时间推迟约 3 倍。

瑞典国家公路管理局 Polyfelt 公司采用 PGM 土工布，进行了长达 10 年的试验，研究表明：无纺布具有较好的减少反射裂缝的作用，但是热熔无纺土工布易黏结不良，且容易造成粘轮；土工布对改善车辙没有显著效果。

德国布朗施维格科技大学进行了不同温度下裂缝扩展至覆盖路面的拉伸应力传递试验，结果表明：在 −24℃ 内，设置土工布中间层对于降低应力和阻止裂缝反射，较不设中间层，具有较为显著的效果。

奥地利对道路加铺和养护中使用和不使用土工布进行对比研究：加铺两年后，在没有采用土工布的车道出现清晰可见的反射裂缝；五年后，经过土工布处理的车道，没有反射裂缝的出现，如图 1-7 所示。

1974 年，美国达科他州铺筑试验路[77]，研究无纺聚丙烯土工布防治反射裂缝的效果。认为无纺聚丙烯土工布不仅能起到减少反射裂缝的作用，而且还能有效防止路表水下渗。经过 3 年的使用，这种土工布依然保持完好，增铺土工布路段的反射裂缝宽度比不设土工布的路段要小得多。2001 年，在美国的密苏里州沥青路面加铺中，采用土工布防治反射裂缝，应用效果良好；同年，在佛罗里达州旧水泥混凝土路面加铺沥青中采用土工布防治反射裂缝，加铺土工布的沥青路面两年后基本没有裂缝出现，而未加铺的在 3 个月内就出现不同程度的裂缝[78]。

 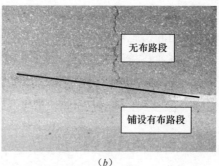

(a) (b)

图 1-7 使用土工布效果对比

交通运输部公路科学研究院[79]采用路泰生产的土工布作为夹层，在白改黑路面加铺中的应用进行了研究：土工布与沥青油结合形成的复合夹层，能较好地降低沥青路面结构层层底剪应力；MTS 疲劳试验表明铺设土工布比不铺设土工布的试件疲劳寿命提高了 76%，沥青层底拉应力减小 50%。

京唐公路通县段，1995 年铺设了 200m 的试验路段，路面宽 16m，半幅用聚酯长丝单面烧毛无纺土工布满铺，另半幅不作处理。1997 年北京市公路局通县分局调查结果显示：有土工布试验段横向裂缝 9 条、纵向裂缝 2 条，无土工布试验段横向裂缝 25 条、纵向裂缝 13 条，表明土工布的止裂效果明显[80]。

胡长顺、曹东伟[81]依托于山东 104 国道，调查了路面裂缝特征。该路段于 1994 年冬季开始大面积出现沉陷、断板等病害，经过多次大面积挖补，仍然不能阻止病害的发展，1997 年决定对该路段进行补强改建。试验路段结构类型（见表 1-3），试验路从 1997 年竣工通车以来，使用状况良好。为了解路面结构反射裂缝产生、发展情况，进行了两次调查统计，结果见表 1-3。通过对比发现，试验路段裂缝明显较少，且裂缝宽度均在 1mm 之内。试验路段按每百米裂缝条数从小到大排序依次为：结构一、结构三、结构二、结构五、结构四。调查结果表明，就防止反射裂缝效果而言，铺设土工布优于其他方法，无纺土工布优于有纺土工布，全幅铺设土工布优于接缝处局部铺设。

试验路反射裂缝调查结果　　　　　　　　　　　　　　表 1-3

起止桩号	路面结构	裂缝条数	
		1997 年 12 月	1998 年 12 月
K601+100-K601+600 东幅	结构一：在原混凝土路面上全幅铺设 Trevia 无纺土工布，其中 360m 直接铺设 6cm 沥青混凝土	5	10
K601+600-K602+080 全幅	结构二：在原混凝土路面上铺设有纺土工布，只铺纵横缝，宽 1m，上铺设 15cm 水泥稳定碎石+6cm 沥青混凝土	14	38
K601+100-K601+600 西幅	结构三：在原混凝土路面上铺设 Trevia 无纺土工布，只铺纵横，宽 1m，其中 360m 直接铺设 6cm 沥青混凝土	10	11
K602+540-K602+740 西幅	结构四：在原水泥混凝土路面上铺设水泥稳定碎石，每 20m 锯一横缝，铺设 0.9m 宽的玻璃纤维布，再铺设 6cm 沥青混凝土	9	12
K602+740-K602+840 西幅	结构五：在原混凝土路面上铺设厚度 15cm 水泥稳定碎石，横向每隔 5m 铺设一道宽 0.9m 的玻璃纤维布，再铺设 6cm 沥青混凝土	1	5

1999年，青岛市香港路加铺改造中采用聚酯无纺土工布应力吸收层作为防裂措施，并与其他路段进行对比，通车一年后，采用土工布夹层的路段没有出现开裂，而没有采用土工布的路段不同程度地出现反射裂缝[82]。

2000年，西安公路交通大学的胡长顺[81]使用大型疲劳设备，模拟车辆荷载与温度荷载，进行了足尺疲劳试验研究，试验示意如图1-8所示。通过不同路面结构试验，考察土工布的布设合理位置与抗裂效果。结果表明，在层间设土工布防裂层，对抑制温度型反射裂缝有较好的效果；对于车辆荷载引起的剪切型反射裂缝，其作用主要是阻碍新裂缝的产生，阻碍原有裂缝的扩张，延缓裂缝的发展，但并不能防止反射裂缝的产生。

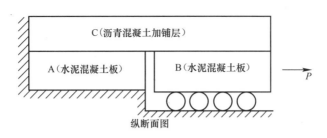

图1-8 反射裂缝疲劳试验台架示意图

蒙蚌高速公路改造[83]，原路面为半刚性基层，主要路面病害为反射裂缝和雨水下渗引起的病害。经过2003-2004年的观测，聚酯玻纤布比玻纤格栅能有效地防止反射裂缝，防止雨水下渗，并且与沥青混凝土的黏结力好，耐高温性，整体性，抗拉强度与耐久性等性能优良。与其他处理措施相比，聚酯玻纤布能有效改善路面的使用性能，经济效益和社会效益显著。

2003年，沪宁高速公路镇江支线改建工程试验路[84]，原路面为沥青路面，主要病害是裂缝、松散和变形。该工程使用了聚酯玻纤布夹层作为防反措施，经过观察发现，未铺设聚酯玻纤布的路段3~6个月均出现裂缝，而铺设聚酯玻纤布路段，直到2005年使用状况良好。

沪宁高速拓宽改造，聚酯玻纤布在该工程主要布设于新、旧半刚性基层纵向拼接缝、收缩裂缝、旧沥青路面横向反射裂缝、旧基层的纵向裂缝。通过钻芯取样发现聚酯玻纤布与沥青混凝土下面层、稀浆封层均能很好的黏结在一起，有机地结合形成整体。

杨伟通过总结国内外设置应力吸收层预防和延缓反射裂缝的发展和应用现状，分析其优缺点，认为在路面结构中设置土工合成材料可以提高沥青混合料的抗拉强度与抗变形能力，但若实际施工过程中土工布没有拉紧，就不能和沥青罩面协同受力、变形，对减少和延缓反射裂缝没有明显效果[85]。

郭忠印[86]依托亭大一级公路试验路，采用土工布中间层作为防止反射裂缝的技术措施。通过开放交通后的6次跟踪观察及测试，着重对试验段路面的外观状况、平整度、抗滑等指标进行测试分析,表明:(1)试验路段与常规路段交界处都较早出现通缝,说明两种结构层在变截面处仅铺设土工布仍存在着薄弱断面,施工上需特殊处理;(2)在满铺土工布的裂缝上均无反射裂缝出现(包括胀缝);在恶劣气候条件下条铺土工布的裂缝上方出现细微开裂,随着时间的推移,有的愈合,有的则发展成通缝,但发生概率不高;在不铺土工布的裂缝上方,均出现数量较多的贯穿裂缝,南侧裂缝发生率为9.5%,北侧为9.8%;(3)第5次调查中,在铺设土工布的混凝土板上出现3处坑洞及土工布外露的情况,该处在摊铺机摊铺沥青混凝土表层时紧贴底面的雪橇使土工布出现卷曲,在行车荷载反复作用下引起沥青混凝土面层脱皮。

薛明[87]对沙漠地区沥青路面开裂的原因进行分析,在试验工程中,使用土工格栅、土工布、土工格室和聚酯纤维,有效地减少了路面裂缝的数量,减轻了开裂程度,获得了较好的效果。施工单位已熟练掌握土工布施工工艺,因此可有稳定的施工质量;土工布裁剪方便,可适应不同路幅的施工路段施工。在沥青混凝土面层下使用土工布,注意事项如下:(1)土工布应能适应沥青混合料高温(低于200℃)的工作条件;(2)与沥青混合料粘接应牢固,否则可能在路面结构中形成一个不连续的滑动面;(3)沥青面层应具备一定的厚度,沥青混凝土厚度应大于4cm,否则不推荐使用。最后提供了依托工程的具体施工工艺,施工设备有沥青洒布车和土工布铺设装置(专用设备或改装设备,无条件时可直接人工铺设),辅助设备包括清扫工具、剪刀或刀片、毛刷、轮胎式压路机等。

2012年,交通部西部交通建设科技项目"复合式路面应力吸收层研究"[88]通过室内外试验与理论分析,对复合式路面应力吸收层展开了系统研究,分析了不同类型应力吸收层在复合式路面中的适用性。土工布能在一定程度上延缓反射裂缝产生,但应注意其适用范围。

2012年,交通部西部交通建设科技项目"垦区公路水泥稳定砂砾基层裂缝防治技术应用研究"[89]表明,土工布用于路面结构防反,其发挥的桥联作用将降低裂缝尖端的应力集中程度,可大大减小偏载下路面的张开型开裂。针对垦区薄沥青面层及垦区建设资金紧张的条件,推荐半刚性基层与沥青面层间铺设土工布材料作为处治方法之一。

在我国青藏高原地区,土工布在道路大中修以及养护中也有一定规模的使用。从日喀则地区日江公路、阿里地区区界至日土公路、青藏线的使用效果发现,局部路段有路面推移病害发生。

结合以上的介绍和分析,抗裂土工布应力吸收层防治反射裂缝的主要原理有[90]:

(1)隔离阻断作用。抗裂土工布的铺设将面层和基层隔开,以降低接缝或裂缝处应力集中对面层的影响,从而延缓反射裂缝的产生。

(2)加筋作用。可承担一定的沥青层底拉应力,并且通过嵌锁作用提高结构层整体刚度，起到对结构层的加筋作用，减小裂缝张开变形。

（3）防渗作用。土工布浸润沥青后形成不透水层，防止水分渗入软化道路结构，起到保护路基作用。

（4）消能缓冲作用。土工材料具有一定延展性和柔韧性，铺设在路面层之间，可将裂缝拉应力扩展至更宽的范围，从而消散、吸收裂缝处集中应力。

虽然抗裂土工布应力吸收层在公路新（改）建中有一定应用，其研究仍然停留在工程实践水平上，相关的理论研究在深度和广度上均存在严重的不足，远落后于工程实践。许多工程实际问题难以完全解决，特别是在特殊的气候条件和复杂的地质环境下的研究更少。采用土工布应力吸收层防治反射裂缝的设计方法与施工工艺急需补充和完善。

随着土工织物类材料的广泛应用，为了防治半刚性基层产生反射裂缝，许多新建工程和大中修工程常采用土工布应力吸收层进行处理，但这与规范中的层间界面接触条件存在差异。相比于传统的工程环境，将抗裂土工布应用于大温差地区防治半刚性基层沥青路面反射裂缝的科学性更强，技术要求难度更大。本书构建的半刚性基层沥青路面抗裂土工布应力吸收层设计方法与施工技术，对保障半刚性基层沥青路面抗裂土工布应力吸收层的层间黏结能力，延长半刚性基层沥青路面疲劳寿命，充分提高路面服务水平，提升半刚性基层沥青路面修筑技术水平具有积极意义。

第 2 章 聚丙烯抗裂土工布基本材料性能研究

材料基本性能是深入开展工程特性研究的基础。材料的质量是工程质量的基础，如果不能够保障材料的质量，那么整个工程的质量就得不到保障。对原材料进行一些必要的性能试验，以确定该材料是否真正满足工程技术要求，是材料选择与确定的第一步。土工合成材料作为公路工程常用的材料，种类较多，如表 2-1 所示。

路用土工合成材料类型 表 2-1

大类		亚类	典型品种
土工合成材料	土工织物	有纺（织造）	机织（含编织）、针织等
		无纺（非织造）	针刺、热粘、化粘等
	土工膜	聚合物土工膜	
	土工复合材料	复合土工膜	一布一膜、两布一膜等
		复合土工织物	
		复合防排水材料	排水板（带）、长丝热粘排水体、排水管、防水卷材、防水板等
	土工特种材料	土工格栅	塑料拉伸土工格栅、经编土工格栅、黏结（焊接）土工格栅等
		土工带	塑料（钢塑）土工加筋带等
		土工格室	有孔型、无孔型
		土工网	平面土工网、三维土工网（土工网垫）等
		土工模袋	机织（针织）模袋等
		超轻型合成材料	泡沫聚苯乙烯板块（EPS）
		土工织物膨润土垫（GCL）	
		植生袋	

典型抗裂土工布是以聚丙烯（丙纶）为基材的非织造类土工合成材料。抗裂土工布具备超强的地质适应能力，重量、韧性、延展性可根据工程设计的需要作调整，并且针对沥青铺设的施工特点，专门设计了两面差异化处理，一面为毛面，易与沥青油黏合，保证抗裂土工布不会松动和起皱；另一面为光面，可以减少沥青混合料的铺设过程中抗裂土工布与轮胎或其他设备的粘连。各种抗裂土工布材料的阻裂效果与夹层材料的模量等材料性能存在很大关系。在选择抗裂土工布等不同类型夹层材料时，需要分析其物理力学指标能否保证其应力吸收等效果的发挥。

2.1 抗裂土工布材料性能的影响因素

聚丙烯抗裂土工布作为土工织物的一种，常用于防治半刚性基层沥青路面反射裂缝，本文统一称为抗裂土工布。抗裂土工布应重点考虑以下材料性能：

1. 厚度及质量要求

为了防止加铺土工布后造成沥青罩面层的不良负效应（罩面层剥离破坏），应对土工布的厚度及质量进行限制。

2. 抗拉强度

当土工布铺设在沥青路面中，一般常需要将其预先拉紧，以充分发挥其扩散应力的作用。所以，土工布应具有较高的抗拉强度，同时具有抗刺破和抗胀破等能力。

3. 抗冲击性

土工布吸收冲击能量的能力，可近似地以材料的抗拉强度与延伸率之积量度，可以 CBR 试验顶破强度 R 来表示土工布表面硬度。

4. 沥青吸附性

用土工布防治沥青路面反射裂缝，一般施工步骤是先在路面上均匀喷洒热沥青或乳化沥青，然后再铺设土工布。为使土工布浸透沥青后形成密封防水层，土工布应能充分吸收在路面喷洒的沥青。

5. 耐高温性

沥青混合料摊铺时的温度很高，用于防治沥青路面反射裂缝的土工布在高温下不能发生收缩变形，更不能软化或熔化，应能保持正常外表形态。按照交通运输部颁布的《公路土工合成材料应用技术规范》（JTG/T D32）的规定，各类土工布应能耐 170℃ 以上的高温。

6. 均匀性

土工布为各向异性材料。为保证强度均匀，抗裂土工布经纬两向的强度比应不大于 1.5；无纺土工布应不大于 1.2。

7. 抗老化性

为使土工布在路面使用年限内始终保持正常的工作状态，应耐酸、碱，具有较强的抗老化性能。

2.2 聚丙烯抗裂土工布基本物理力学特性

在研究其用于防治反射裂缝的效果和作用机理之前，需要首先明确其材料性能，为此，开展了不同工况抗裂土工布基本物理力学性能的试验研究。

2.2.1 厚度测定

抗裂土工布厚度是指材料在承受一定压力时，正反两面之间的距离。产品的厚度对其力学性能影响较大。参考《公路工程土工合成材料试验规程》(JTG E50—2006[91])中厚度测定试验的方法,试验方案如下:

1. 试验设备及仪器

基准板、压块、百分表(最小分度值 0.01mm)、秒表(最小分度值 0.1s)。

2. 试验步骤(试样制备与试验过程)

取样:按照试验规程要求,裁取试验样品。

试样调湿和状态调节:试样应在标准大气条件下调湿 24h,标准大气按如下规定的三级标准:温度 20±2℃、相对湿度 65±5%。

试样制备:裁取有代表性的试样 10 块,试样尺寸不小于基准板的面积。

测定 2kPa 压力下的常规厚度。擦净基准板和 5N 的压块,压块放在基准板上,调整百分表零点。提起 5N 的压块,将试样自然平放在基准板与压块之间,轻轻放下压块,使试样受到的压力为 2±0.01kPa,放下测量装置的百分表触头,接触后开始计时,30s 时读数,精确至 0.01mm。

3. 试验结果与分析

厚度测定结果如表 2-2 所示,某典型抗裂土工布其厚度相比传统土工材料更厚。

典型土工布厚度试验结果　　　　　　　　　　表 2-2

指标	某典型项目用抗裂土工布	南通至洋口港区高速公路某段	宿迁某土工材料
厚度(mm)	1.39	1.03	1.18

2.2.2 单位面积质量

单位面积质量是土工合成材料物理性能指标之一,与产品性能密切相关。现有标准均采用称重法。参照现有规程,试验方案设计如下:

1. 试验设备及仪器

剪刀、称量天平(感量为 0.01g)、钢尺(刻度至 mm,精度为 0.5mm)。

2. 试验步骤(试样制备与试验过程)

取样:按照试验规程要求,截取试验样品。

试样调湿和状态调节:试样应在标准大气条件下调湿 24h,标准大气按如下规定的三级标准:温度 20±2℃、相对湿度 65±5%。

试样制备:用剪刀裁取面积为 10000mm^2 的试样 10 块,剪裁和测量精度为 1mm。

称量:将裁剪好的试样按编号顺序逐一在天平上称量,读数精确到 0.01g。

3. 试验结果与分析

单位面积质量测定结果为 151.43g/m^2。

2.2.3 拉伸性能

参考《公路工程土工合成材料试验规程》中宽条拉伸试验的方法,并考虑已有的仪器和夹具,设计本次拉伸试验。

1. 试验设备及仪器

拉伸试验机:具有等速拉伸功能,拉伸速率可以设定,并能测读拉伸过程中试样的拉力和伸长量,记录拉力-伸长曲线。

夹具:钳口表面有足够的宽度,至少与试样200mm同宽,以保证能够夹持试样的全宽,并夹紧避免试样滑移和损伤。

伸长计:能够测量试样上两个标记点之间的距离,对试样无任何损伤和滑移,能反映标记点的真实动程。伸长度的精度应不超过±1mm。

2. 试验步骤(试样制备与试验过程)

拉伸试验机的设定。试验前将两夹具间隔调至100±3mm,选择试验机的负荷量程,使断裂强力在满量程负荷的30%~90%之间。设定试验机的拉伸速度,使试样的拉伸速率为20mm/min。

夹持试样。将试样在夹具中对中夹持,注意纵向和横向的试样长度应与拉伸力的方向平行。将预先画好的横贯试件宽度的两条标记线尽可能地与上下钳口的边缘重合。

试样预张。对已夹持好的试件进行预张,预张力相当于最大负荷的1%,记录因预张试样产生的夹持长度的增加值。

安装伸长计。在试样上相距60mm处分别设定标记点,并安装伸长计,注意不能对试样有任何损伤,并确保试验中标记点无滑移。

测定拉伸性能。开动试验机连续加荷至试样断裂,停机并恢复至初始标距位置。记录最大负荷,并记录最大负荷下的伸长量。

3. 试验结果与分析

拉伸强度结果如表2-3所示,该项目采用的土工布其拉伸强度同样相比传统土工材料更高,这与其厚度较一般材料更厚有一定关系。

典型土工布拉伸试验结果　　　　　　　表2-3

指标	某典型项目用抗裂土工布	南通至洋口港区高速公路某段	宿迁某土工材料
纵向拉伸强度(kN/m)	13.6	5.65	15.48
横向拉伸强度(kN/m)	14.9	4.38	9.96

2.2.4 顶破试验

土工合成材料在工程结构中,要承受各种法向力的作用,所以顶破强力是土工合成材料力学性能的重要指标之一。为了评价抗裂土工布的抗法向受力性能,本书参照《公路工程土工合成材料试验规程》(JTGE 50)采用CBR顶破试验方法进行了研究。

1. 试验设备及仪器

评价顶破强力的方法有很多,其中专用于土工织物、土工膜及其有关产品的方法有 CBR 顶破（圆柱形顶杆）和圆球顶破，其中，CBR 顶破强力应用更为广泛，图 2-1 为用于 CBR 顶破的试验机。

(a)

(b)

图 2-1　TCS2000 型试验机

2. 试验步骤（试样制备与试验过程）

按照规范规定取样，制取直径 300mm 的圆形试样 5 块，试样上不得有影响试验结果的可见疵点，在每块试样离外圈 50mm 处均等开 8mm 宽的槽。按照规范规定进行调湿和状态调节。顶破试验如图 2-2 所示。

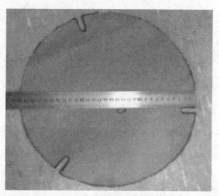
(a) 顶破土工布试件

(b) 顶破试验

图 2-2　顶破试验

(1) 将试样放入环形夹具内，使试样在自然状态下拧紧夹具，以避免试样在顶压过程中滑动或者破损。

(2) 将夹持好试样的环形夹具对中放于试验机上，设定试验机满量程范围，使试样最大顶破强力在满量程负荷的 30%～90% 范围内，设定顶压杆的下降速度为 60±5mm/min。

(3) 启动试验机，直到试样完全顶破为止，观察和记录顶破状况，记录顶破强力（N）和顶破位移值（mm）。如土工织物在夹具中有明显滑动，则应剔除此次试验数据，并补做试验至 5 块。

第 2 章 聚丙烯抗裂土工布基本材料性能研究

3. 试验结果与分析

试验结果如表 2-4 所示,实际项目中所用的抗裂土工布厚度相对一般土工布略厚,达到近 1.4mm,其顶破强力相对较大,达到 1818N。

典型土工布顶破试验结果　　　　　　　　　　　表 2-4

指标	某典型项目用抗裂土工布	南通至洋口港区高速公路某段	宿迁某土工材料
CBR 顶破强力（N）	1818.8	852.6	1776.4

2.2.5 刺破试验

刺破强力的原理方法与 CBR 顶破强力类似,但在顶杆直径、试样面积和顶压速率上有所不同。刺破强力反映土工合成材料抵抗小面积集中负荷的能力。为了评价抗裂土工布的抗刺破能力,本书对典型土工布进行了试验研究。

1. 试验设备及仪器

试验机具有等速加荷功能,加载速率可以设定,能测度加载过程中的应力、应变,记录应力-应变曲线,要求行程大于 100mm,加载速率达到 300mm/min±10mm/min。除此之外还包括环形夹具以及平头顶杆。

2. 试验步骤（试样制备与试验过程）

按照规程取样,裁取圆形试样 10 块,直径不小于 100mm,试样上不得有影响试验结果的可见疵点,根据夹具的具体结构在对应螺栓的位置处开孔。试样调湿和状态调节按规程设定。

（1）试样夹持,将试样放入环形夹具内,使试样在自然状态下拧紧夹具。

（2）将装好试样的环形夹具对中放于试验机上,夹具中心应在顶杆的轴心线上。

（3）设定试验机的满量程范围,使试样最大刺破力在满量程负荷的 30%～90% 范围内,设定加载速率为 300mm/min±10mm/min。

（4）开机,记录顶杆顶压试样时最大压力值即为刺破强力。如土工织物在夹具中有明显滑移则应剔除此次试验数据。

（5）按照上述步骤,测定其余试样,直至得到测定值。

3. 试验结果与分析

结果如表 2-5 所示,与顶破试验结果类似,某典型项目所用的抗裂土工布刺破强力较大,达到 467N,是一般土工布的近两倍。

典型土工布刺破试验结果　　　　　　　　　　　表 2-5

指标	某典型项目用抗裂土工布	南通至洋口港区高速公路某段	宿迁某土工材料
刺破强力（N）	467.8	273	—

2.2.6 吸收沥青性能

为测试聚丙烯抗裂土工布自身材料吸油特征,制备聚丙烯抗裂土工布尺寸为

20cm×20cm，90号普通基质沥青，将抗裂土工布浸入达到温度（加热温度135℃）的沥青中，在常规吸油试验基础上，然后取出抗裂土工布后将其放置在预热过的铁板上摊平，使用铁棍在抗裂土工布上来回滚碾，直到无多余沥青析出为止，试验前后抗裂土工布试样的外观如图2-3所示，非常规吸油试验结果如表2-6所示。

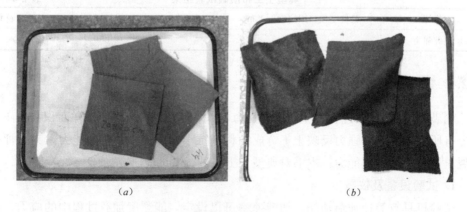

图2-3 抗裂土工布吸油试验样品及试验后外观

抗裂土工布非常规吸油试验结果　　　表2-6

编号	试验前质量（g）	试验后质量（g）	吸油量（g）	吸油率（%）	每平方米吸油量（g）
1	8.4	41.3	32.9	391.7	822.5
2	7.9	37.8	29.9	378.5	747.5
3	6.6	37.2	30.6	463.6	765.0
均值	7.6	38.8	31.1	411.3	778.3

从试验结果可知，在非常规试验方法下，聚丙烯抗裂土工布自身材料的吸油率大约为410%左右，每平方米的吸油量能达到780g（经过非常规滚碾，析出多余沥青后的质量）。在现场施工过程中，聚丙烯抗裂土工布摊铺后，铺筑面层沥青混合料碾压过程中也会形成一定的挤压，聚丙烯抗裂土工布中的富余沥青升温熔化后则会进一步浸润抗裂土工布并使得沥青进一步渗入基层和沥青层间。游离沥青过多则有可能引起不良影响，因此在施工过程中应当合理准确控制沥青洒布量。

第 3 章　聚丙烯抗裂土工布材料耐久性研究

本书讨论的抗裂土工布为聚丙烯材料，是一种聚合物高分子材料，具有热塑性特征，即受热会导致塑性变形甚至熔化。实际路面施工中，沥青混合料的摊铺温度理论上有可能达到 190℃，而抗裂土工布的熔点约为 165℃，它能否承受混合料的摊铺温度，并在高温下仍能保持原材料的优良性能，将是抗裂土工布应用过程中最根本的技术问题。因此聚丙烯抗裂土工布存在受热冲击后性能变异的问题，尤其是当受到沥青黏层、下封层，以及沥青下面层混合料的热冲击时，可能存在不利影响。其耐久性能会出现一定的变化，使得性能与崭新土工布有所差别。

为了分析实际运营条件下各种影响因素对抗裂土工布性能的影响，评估抗裂土工布的耐久性，在实验室通过不同的模拟环境方式，从不同的角度揭示抗裂土工布的耐久性，为工程中预估抗裂土工布自身性能的变化提供数据参考，降低工程风险。本章设计了抗裂土工布高温热力学特性试验，观察、分析抗裂土工布在摊铺过程中受到极高温度影响的性能变化。

为了研究抗裂土工布耐久性能的变化，本章采用 DSC 差示扫描量热仪、TG 热重仪等热效应分析，以及空气、沥青热冲击试验，温度敏感性及传递特性，模拟研究抗裂土工布的耐久性能影响因素。

3.1　热效应研究

3.1.1　热熔试验

本研究采用 DSC 差示扫描量热仪（图 3-1）对聚丙烯抗裂土工布进行试验，研究了抗裂土工布的熔融温度以及玻璃化转变温度，其中熔融温度可以反映抗裂土工布的耐热性能，而玻璃化转变温度可以反映脆化温度。

DSC 试验过程中，试样温度从室温降低至 −60℃，保持 5min 后，升高至 200℃，最后降低至室温，温度升高和降低的速率均为 10℃/min。在此过程中，试样与参照物随温度变化的能量差如图 3-2 所示。

试验结果如图 3-3 所示，当温度上升至 166℃时，该聚丙烯土工布出现了吸热峰，即熔融峰，

图 3-1　DSC 差示扫描量热仪

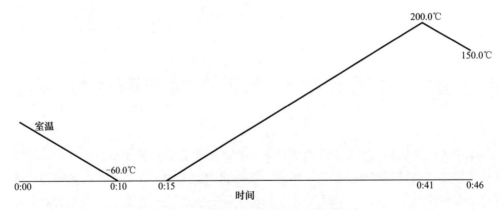

图 3-2 DSC 试验过程中温度变化

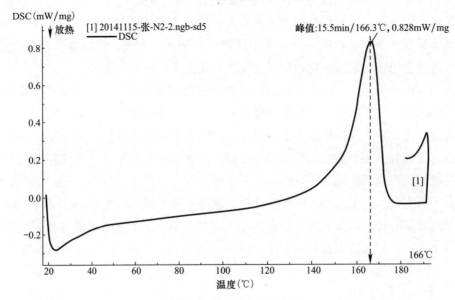

图 3-3 抗裂土工布热熔温度

材料从固态转变为液态。由于实际施工中喷洒出来的沥青会逐步释放热量，温度会同步降低。普通沥青的施工温度通常在150℃左右，说明聚丙烯抗裂土工布对普通沥青具有一定的适用性和安全性；而当改性沥青黏层或下封层施工时，由于其温度相对较高，一般控制165～180℃之间，当其与抗裂土工布直接接触，可能会对抗裂土工布的物理化学特性产生一定的影响。

3.1.2 玻璃化转变温度

玻璃化转变温度是聚合物由高弹态向玻璃态转变的温度点。在玻璃化温度以下，高聚物处于玻璃态，分子链和链段都不能运动，只是构成分子的原子（或基团）在其平衡位置作振动，而在玻璃化温度时，分子链虽不能移动，但是链段开始运动，表现出高弹性质。温度再升高，就使整个分子链运动而表现出黏流性质。在玻璃化温度时，高聚物的比热容、热膨胀系数、黏度、折光率、自由体积以及弹性模量等都要发生一个突变。

利用差示扫描量热仪 DSC 测定玻璃化转变温度 T_g 就是基于高聚物在玻璃化温度转变时，热容增加这一性质。在 DSC 曲线上，其表现为在通过玻璃化转变温度时，基线向吸热方向移动，如图 3-4 所示。图中 A 点是开始偏离基线的点。把转变前和转变后的基线延长，两线间的垂直距离 ΔJ 叫阶差，在 $\Delta J/2$ 处可以找到 C 点，即为玻璃化转变温度 T_g。

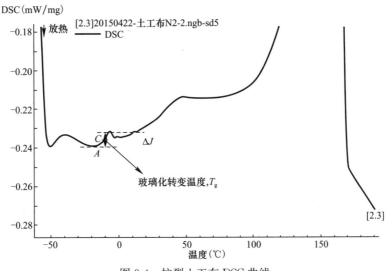

图 3-4 抗裂土工布 DSC 曲线

通过若干次 DSC 平行试验，试验结果差异性较大，测得抗裂土工布的玻璃化转变温度范围为 $-20 \sim -10℃$，如图 3-5 所示。主要是因为抗裂土工布是由聚丙烯和其他材料组成的混合物，在升温和降温过程中，不同材料的吸热和放热过程相互影响，使得 DSC 曲线变化不规律，例如图 3-4 中，DSC 曲线在 A 点上升，穿过玻璃化转变温度 C 点之后，应该逐渐趋于稳定，形成一个平缓的台阶，但实际图中 DSC 曲线在 C 点之后，先形成一个小峰再下降趋于平缓，曲线变化不规则。另外用于 DSC

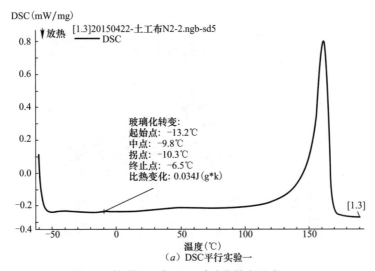

(a) DSC 平行实验一

图 3-5 抗裂土工布 DSC 玻璃化转变温度（一）

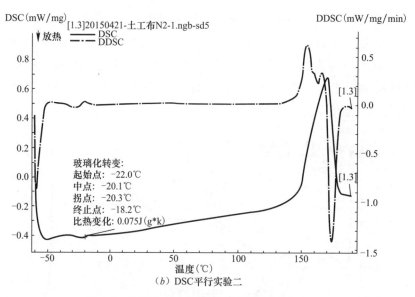

(b) DSC 平行实验二

图 3-5 抗裂土工布 DSC 玻璃化转变温度（二）

试验的样品要放置在直径只有 5mm 的试样皿中进行测试，样品质量只有 4mg 左右，对于材料组成分布不均匀的抗裂土工布来说，更增加了 DSC 试验结果的变异性。因此对于抗裂土工布这种混合物来说，依据试验确定出抗裂土工布的玻璃化转变温度范围为 −20～−10℃，结合一般地区的气候条件，抗裂土工布在绝大部分时间都处于弹性体状态，不会由于低温而导致自身性质变化发生脆性破坏。

3.1.3　热重分析

为了进一步研究聚丙烯抗裂土工布热力学效应，以更好地指导现场施工控制，采用 TG 试验设备对抗裂土工布进行了热重分析，试验设备见图 3-6 (a)，试验过程中，以恒定升温速率对抗裂土工布进行加热，测试在 0～400℃ 的温度范围内，抗裂土工布的质量变化。

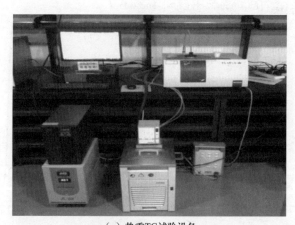

(a) 热重 TG 试验设备

图 3-6 抗裂土工布热重试验（一）

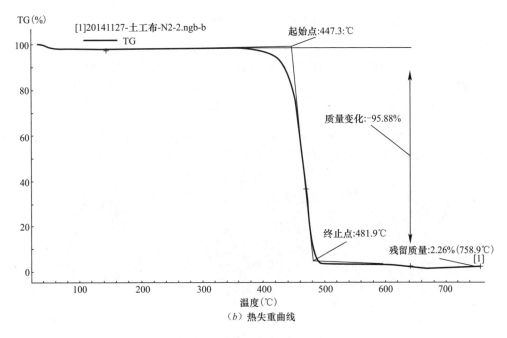

(b) 热失重曲线

图 3-6 抗裂土工布热重试验（二）

热重分析试验结果如图 3-6（b）所示，当温度从 0℃升高至 400℃时，质量几乎处于一个稳定值；而升高至 400℃左右时，土工布重量开始出现大幅度减小，说明有成分受热气化挥发；至 500℃时，重量减小幅度减缓，基本处于一个稳定值，为残留物。

试验结果表明，一般沥青类材料施工温度在 150～200℃之间，抗裂土工布受到沥青施工的热效应影响很小，结合 DSC 试验结果，说明抗裂土工布在实际施工过程中，可能会发生熔融现象，但不会造成材料组分的减少。

3.2 热冲击性能研究

考虑到聚丙烯抗裂土工布熔点在 160～170℃范围，和沥青施工温度范围有所重叠，尤其是改性沥青，其施工温度通常达到 170℃以上，可能对抗裂土工布的性能有一定的影响。因此，本节通过热冲击试验，模拟抗裂土工布受施工高温热冲击后材料在外观、物理指标和力学性能上的变化。

3.2.1 空气环境热冲击研究

首先研究空气热环境下对抗裂土工布的性能影响，即将抗裂土工布剪裁好，置于不同温度条件的烘箱内，热冲击完成后再进行顶破和刺破试验。热冲击试验条件如下：

（1）加热温度为 140℃，加热时间 30min，模拟下面层普通沥青混合料摊铺后，对抗裂土工布的性能影响。

（2）加热温度为150℃，加热时间5min，模拟普通沥青黏层洒布后对抗裂土工布热冲击的性能影响。

（3）加热温度为180℃，加热时间5min，模拟改性沥青下封层洒布后对抗裂土工布热冲击的性能影响。

试验结果如下：顶破试件原尺寸直径为30cm；150℃热冲击后为29cm，缩短约3%；180℃热冲击后为28cm，缩短近7%。刺破试件原尺寸直径为14cm；150℃热冲击后直径为13.5cm，缩短约3%，外观见图3-7。

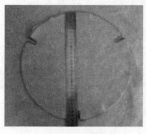
(a) 热冲击前

(b) 150℃，5min

(c) 180℃，5min

图3-7 不同温度条件热冲击后抗裂土工布外观

热冲击后，抗裂土工布顶破强度、刺破强度变化见表3-1和图3-8，结果显示，热冲击后抗裂土工布性能没有产生大幅变化，其中顶破强度总体仍在1800~2200N范围内波动，刺破强度在430~470N范围内波动。说明抗裂土工布受空气热冲击后，其力学性能影响不大。

空气环境下不同温度热冲击后抗裂土工布试验结果　　　　表3-1

热冲击条件	顶破力（N）	刺破力（N）
原样	1818.8	467.8
140℃，30min	1972.7	434.7
150℃，5min	2170.9	434.4
180℃，5min	1923.1	441.2

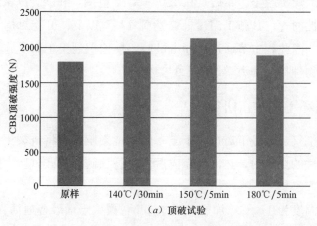

(a) 顶破试验

图3-8 空气环境热冲击后顶破、刺破强度变化（一）

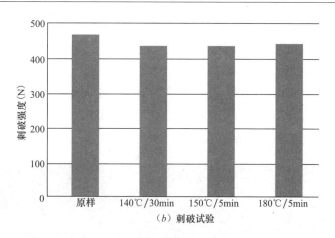

(b) 刺破试验

图 3-8　空气环境热冲击后顶破、刺破强度变化（二）

3.2.2　沥青热冲击试验研究

1. 沥青浸渍试验

为了模拟真实环境下，抗裂土工布在热沥青材料的冲击下性能变化情况，将剪裁好的抗裂土工布置于不同温度的沥青中，试验结果见图3-9，抗裂土工布浸渍于

(a) 沥青温度150℃

(b) 沥青温度160℃

(c) 沥青温度170℃

图 3-9　不同温度浸渍后抗裂土工布外观

沥青中后，受热收缩成团，尤其是沥青温度达到160℃和170℃时，收缩成团现象尤为明显，该温度接近聚丙烯抗裂土工布的熔点。

2. 沥青涂布试验

为了可以量化评价不同热沥青洒布后，抗裂土工布性能变化规律，本节采用在抗裂土工布正反表面涂布沥青，并重新进行顶破、刺破试验的方法，研究了土工布热冲击效应变化，如图3-10所示。

(a) 涂布沥青的土工布刺破试件　　　　　(b) 刺破试验

图3-10　沥青热冲击后抗裂土工布顶破、刺破试验

沥青热冲击后的顶破和刺破结果见表3-2和图3-11，抗裂土工布表面涂布热沥青后，其强度明显增长，尤其是涂布改性沥青后，强度得到提高，且未发生明显的融化、收缩现象。

沥青热冲击后抗裂土工布试验结果　　　表3-2

指标	顶破力（N）	顶破位移（0.1mm）	刺破力（N）
原样	1818.8	45.7	467.8
普通沥青（140℃）	2964.4	59.3	483.4
改性沥青（170℃）	3299.7	66.4	551.7

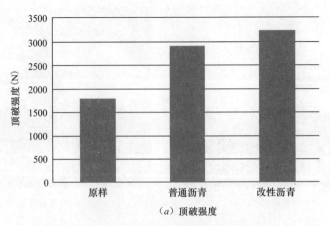

(a) 顶破强度

图3-11　沥青热冲击后抗裂土工布试验结果（一）

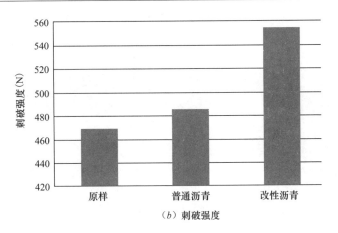

(b) 刺破强度

图 3-11　沥青热冲击后抗裂土工布试验结果（二）

3.3　温度敏感性试验

由于聚丙烯抗裂土工布属于高分子材料，具有一定的热塑性，材料加热温度过高会使其发生收缩等塑性变形，温度过高则会使其熔化。由于沥青混凝土路面结构层摊铺温度高达 140~160℃，这样的温度是否影响抗裂土工布的防裂效果。因此对材料的温度敏感性进行测试十分重要。抗裂土工布直接加热方案下的试验结果如表 3-3 所示，聚丙烯抗裂土工布加热前后的外观特征如图 3-12 所示。

抗裂土工布温度敏感性试验结果　　表 3-3

试验项目	测试结果		备注
纵向抗拉强度（kN/m）	12.2	11.9	此数据为 140℃温度下烘 1h 后进行试验的检测结果
横向抗拉强度（kN/m）	14.4	14.7	
纵向极限延伸率（%）	61.7	57.4	
横向极限延伸率（%）	78.4	76.8	

(a) 常温下样品外观　　　　　　(b) 140℃试验后样品外观

图 3-12　温度敏感性试验前后样品外观（一）

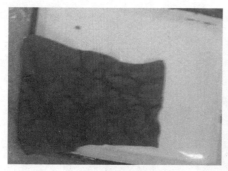 

（c）150℃试验后样品外观　　　　　　（d）160℃试验后样品外观

图 3-12　温度敏感性试验前后样品外观（二）

从试验结果可知，通过 140℃高温烘烤 1h 后，材料的力学性能并未受到较大影响，根据两组试验数据，测试结果均值中，纵向强度高达 12.05kN/m，横向抗拉强度为 14.55kN/m，纵向极限延伸率为 59.7%，横向极限延伸率为 77.6%。加热后聚丙烯抗裂土工布的颜色逐渐变深。

3.4　温度传递特性试验

由于聚丙烯抗裂土工布的材料特性与水泥稳定基层、沥青混凝土面层的材料特性差异较大，比热不同，将此材料铺设于沥青路面结构层间之后，一定程度上改变了其温度传递特性，因此对土工布上方和下方的温度变化规律进行测试具有重要意义。

3.4.1　试验准备

根据抗裂土工布应力吸收层施工工艺要求，将 PT100 温度传感器埋设于聚丙烯抗裂土工布上侧和下侧，其中一种方案铺设抗裂土工布后不洒布沥青黏层油，直接铺设沥青混凝土面层，通过测试前 360s 时间段内每 5s 的温度变化曲线以及前 30min 时间内每分钟的温度变化值，并绘制温度变化曲线用以分析。其中温度传感系统是采用 PT100 传感器＋XTD7000 型温度显示器自制可调测试系统。温度传感系统和调试如图 3-13 所示。

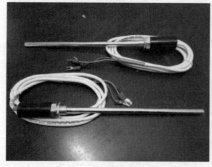 

（a）PT100 型温度传感器　　　　　　（b）XTD7000 型温度显示器

图 3-13　温度传感系统与调试（一）

(c) 温度传感系统

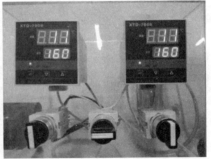
(d) 温度传感系统调试

图 3-13　温度传感系统与调试（二）

3.4.2　试验过程

试验过程中，如图 3-14 所示，将车辙板放于高精度电子秤，精确洒油后于试件中心放置其中一个 PT100 温度传感器，并铺设聚丙烯抗裂土工布。准备工作完成后将试件放置至常温备用。另根据沥青混合料配合比方案，以 150℃ 为控制方案拌合沥青混合料，根据试验方案，通过测试前 360s 时间段内每 5s 的温度变化曲线以及前 30min 时间内每分钟的温度变化值，并绘制温度变化曲线用以分析。试验过程如

(a) 沥青洒油量精确控制

(b) 抗裂土工布铺设

(c) 土工布上方不洒布沥青方案

(d) 土工布上方洒布沥青方案

图 3-14　温度传递特性试验过程（一）

(e) 温度传递试验过程　　　　　　　　(f) 试验后土工布表面特征

图 3-14　温度传递特性试验过程（二）

图 3-14（a）～（f）所示。

材料温度为 150℃，铺设于聚丙烯抗裂土工布上方时开始进行温度测试。如图 3-14（f）所示，待到试验结束，将表面沥青混合料清除后，抗裂土工布不存在收缩现象，与温度敏感性试验中将抗裂土工布置于托盘直接放入烘箱烘烤 1h 的情况完全不同，加之抗裂土工布底面是常温基板，在温度传递过程中，基板迅速吸收沥青混合料温度，进而使得抗裂土工布不受温度破坏。

3.4.3　试验结果

根据试验预设方案测试沥青混合料摊铺后抗裂土工布上方与下方的温度变化规律，其中一种方案是抗裂土工布上表面未涂抹沥青，另一种方案则涂抹沥青。两种方案下前 360s 与前 30min 不同位置的温度变化特征如图 3-15 和图 3-16 所示。

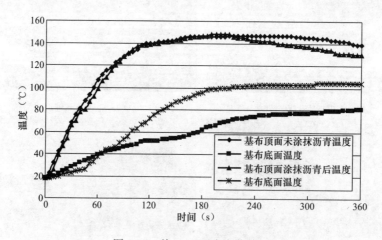

图 3-15　前 360s 温度变化特征

在试验进行前 6min 内温度变化曲线可知，抗裂土工布底面温度明显低于顶面温度，由于所选用的 PT100 温度传感器采用了探头保护壳（埋设于沥青混合料内部），抗裂土工布上方的温度与材料内部的温度相当。根据测试结果，设备测试土工

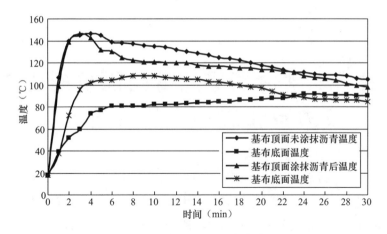

图 3-16 前 30min 温度变化特征

布上方的温度大约比混合料实际温度低 2~4℃，土工布顶面涂抹沥青和不涂抹沥青两种方案，在前 3min 时，其温度变化规律基本一致，土工布上方的温度传感器显示最高温度为 147℃，实测沥青混合料温度为 150℃；时间超过 3.5min 后，土工布顶面涂抹沥青的方案温度逐渐下降，经过测试，沥青混合料内部温度仍能够达到 150℃，但是在其接触面上的温度已经开始降低，这是由于试验前期，沥青混合料温度对抗裂土工布表面的游离沥青进行加热，初期会产生温度隔离现象，温度迅速被下层材料吸收，引起温度降低较不洒布沥青的方案快。抗裂土工布下层沥青在试验进行前 3min 时上升迅速，随后上升速度逐渐减缓，待到土工布上方沥青出现下降趋势时，温度仍在继续上升，但抗裂土工布上下方的温度差异逐渐缩小，土工布上方涂油后，下方温度上升相对较快。而从试验进行至 30min 时，抗裂土工布上下方的温度变化规律可知，6min 之后，土工布上方温度逐渐降低，底面温度仍然呈现上升趋势，最后逐渐往 100℃ 左右的位置靠近。但是，在试验时间内，土工布顶面温度始终高于土工布底面。

第4章 半刚性基层沥青路面抗裂土工布应力吸收层的适用性研究

抗裂土工布具有较高的抗拉强度和延伸率，以及较好热稳定性，在半刚性基层沥青路面中使用可有效抑制反射性裂缝的产生和发展，提高面层抗开裂能力，延缓和防治不均匀沉降，增强路面的整体强度，减少车辙、拥包。国内外的研究均表明，在路面结构中铺设抗裂土工布虽然具有提高路面结构疲劳寿命的作用，但也会在一定程度上减弱层间接触。因此，在新建工程中考虑是否在层间铺设抗裂土工布时，要权衡这两方面的利弊，针对不同的环境条件及预计交通量、车辆种类等情况，归纳路面结构面临的主要问题，而后因地制宜地选择是否使用抗裂土工布应力吸收层作为增强防治反射裂缝的措施。

抗裂土工布应力吸收层的应用受一些特定的使用环境与工程特性影响因素而限定。因此，为了更好地发挥抗裂土工布应力吸收层效果，本章结合抗裂土工布应力吸收层自身特性，使用位置及应用环境等方面，探讨抗裂土工布应力吸收层的工程应用条件。

4.1 半刚性基层沥青路面结构层力学响应规律

在我国沥青路面的设计指标中，主要考虑的是路表弯沉指标，沥青面层底部拉应力指标，半刚性基层底面拉应力指标和路基、粒料基层变形控制指标。我国规范采用沥青面层底面拉应力作为沥青路面设计的验算指标，用以控制沥青面层的疲劳和开裂破坏，但是在层间剪应力指标上没有明确的规定。此外，沥青路面设计规范中，路面结构被简化为弹性层状体系结构，而且各层之间为完全连续状态。但实际上，一般路面结构的层间结合条件都处于完全连续和完全滑动状态之间，特别是设置了抗裂土工布的半刚性基层和沥青面层之间，由于基层与面层材料性质相差很大，抗裂土工布的存在又削弱了层间结合力，层间更容易出现剪切滑动破坏。加上目前在沥青路面基层与面层间处理工艺方面的研究尚未成熟，我国沥青路面施工技术规范中对基-面层间连接状态评价并未形成完善体系，造成半刚性基层沥青路面结构中基层与面层间连接薄弱，降低了路面结构层在荷载作用下的整体性，并逐步演化成路面早期病害出现的主要诱因，使路面竣工后因基-面层间处治质量问题而出现一系列的病害，进而影响到路面结构的使用性能。因此，本章通过层间剪应力分析半刚性基层沥青路面结构层力学响应规律。

4.1.1 方案设计与分析方法

综合考虑重载超载车辆、纵坡路面、低速、大水平力及路面层间实际黏结状态等对沥青路面结构剪应力的不利影响，通过分析不利条件下，路面结构剪应力分布情况，分析评价在半刚性基层沥青路面上设置抗裂土工布应力吸收层适用的合理条件，为项目应用提供理论依据。

选择典型半刚性基层沥青路面结构作为分析模型，有关结构分析参数见表4-1。

典型路面结构参数表　　　　　　　　　　　　　　　　　　　　表 4-1

结构层	厚度（cm）	20℃抗压模量（MPa）	15℃抗压模量（MPa）	劈裂强度（MPa）	泊松比 μ
AC-13C	4	1500	2100	1.5	0.35
AC-20C	6	1300	1900	1.1	0.35
AC-25C	7	1100	1300	0.75	0.35
4.5%水泥稳定碎石基层	32	1500		0.5	0.25
级配砂砾底基层	20	200			0.25
路基	—	40			0.4

注：路基厚度参数由有限元模型确定。

1. 路面荷载作用

路面荷载作用形式分为垂直荷载与水平荷载。根据《公路沥青路面设计规范》（JTG D50—2006）的相关规定，路面结构分析设计时，近似假设接地压应力在轮迹面积内呈均匀分布，采用轮胎的标准充气压强（0.7MPa）作为轮胎与路面的平均接触压应力。因此路面垂直荷载作用形式，当采用标准双轮轴载100kN时，胎压为0.7MPa，轮胎接触面积为$228 \times 156 \text{mm}^2$，两轮中线距为320mm，轮载接触面积简化过程见图4-1；标准轴载的计算参数见表4-2。

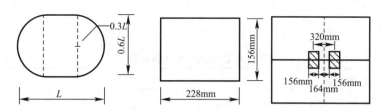

图 4-1　轮胎的接触面积简化模型

标准轴载计算参数与有限元轴载计算参数表　　　　　　　　　　表 4-2

标准轴	BZZ-100	有限元计算轴载	矩形等效轴载
标准轴载 P_H（kN）	100	轴载 P_H（kN）	100
单轮荷载 P（kN）	25	单轮荷载 P（kN）	25
轮胎接地压强 p（MPa）	0.7	轮胎接地压强 p（MPa）	0.7
单轮传压当量圆直径 δ（cm）	10.65	单轮传压面积（cm²）	15.6×22.8
两轮中心距 R_L（cm）	3/2d	两轮中心距 R_L（cm）	32.0

2. 模型和单元划分

计算对象是铺设于半无限路基上的半刚性基层沥青路面,深度方向选取轮载作用下的路面结构受力有效范围进行分析;宽度方向,根据沥青路面结构模型中路面结构和荷载分布的对称性,结合车辆荷载作用形式,取路面结构为轮载沿行车方向作用区域的1/2建立对称模型。

从层状弹性体系力学理论出发,采用弹性半空间地基假设,认为各层材料是符合弹性力学基本假设的有限厚度弹性层,所有材料都服从广义虎克定律,其弹性参数为常数。运用 ANSYS 软件建立路面结构有限元模型,选用三维8节点等参6面体单元。单元划分时,采用网格-梯度法对荷载作用区域进行网格细化,最小网格尺寸为0.5cm,单元最大网格尺寸为15cm。

4.1.2 车辆荷载对半刚性基层沥青路面剪应力影响

在公路上行驶的大型运输车辆的数量随着我国经济的发展而急剧增加,但由于体制不完善,运输者对运输效益的片面追求,在运输者多拉快跑的利益驱使下,公路上的大、中型载货汽车超载运行较普遍。通过公路交通调查表明,我国公路货物运输车辆超载现象十分严重。不仅超载车辆比例十分突出,达到94%,而且超载率也十分大,超载率为100%~200%的车辆占整个调查货运车辆的50%以上,有的超载率高达300%以上。超载对路面的破坏作用有时起到决定性的作用,特别是大纵坡沥青路面更是如此。纵坡上车辆加速、减速频繁,轮胎对路面会产生较大的水平制动力,从而在路面面层内产生较大的水平剪应力。因此,重载、超载列为影响半刚性基层沥青路面应力状态的主要因素之一。

为了研究车辆荷载对半刚性基层沥青路面结构应力的影响,本书选用四种荷载级别进行研究,分别为标准轴载、超载30%、超载50%和超载80%,这里的超载值为车辆的超载质量占行驶证核定装载质量的百分率。设定的计算工况如表4-3所示。

重载、超载车辆轴载计算参数   表4-3

超载比例	0	30%	50%	80%
轴载(kN)	100	130	150	180
轮胎接地压强 p(MPa)	0.7	0.83	0.91	1.0
单轮传压当量圆直径 δ(cm)	10.65	11.16	11.45	11.79

1. 超载车辆正常行驶条件下平坡路面结构剪应力分析

表4-4和图4-2给出了不同比例超载车辆匀速行驶条件下平坡路面结构剪应力随路面深度的变化情况。

2. 超载车辆3%纵坡路面上爬坡时轴载对纵坡路面结构剪应力的影响

超载车辆单轮荷载在3%纵坡上爬坡时路面作用力如表4-5所示。路面结构层间剪应力值见表4-6。

超载车辆匀速行驶时平坡路面结构最大剪应力值（MPa）　　表 4-4

路面层位	路面深度（m）	轴载			
		标准(100kN，0.7MPa)	超载30%(130kN，0.83MPa)	超载50%(150kN，0.91MPa)	超载80%(180kN，1.0MPa)
沥青上面层顶	0	0.103	0.126	0.134	0.147
沥青上面层底	−0.040	0.158	0.184	0.205	0.225
沥青中面层底	−0.100	0.138	0.164	0.179	0.197
沥青下面层底	−0.170	0.08	0.097	0.104	0.114
基层底	−0.490	0.087	0.111	0.113	0.124
底基层底	−0.690	0.0156	0.021	0.021	0.023

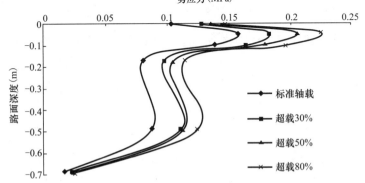

图 4-2　超载车辆匀速行驶时平坡路面结构最大剪应力值

超载车辆单轮荷载在3%的纵坡上以稳定速度爬坡时的作用力　　表 4-5

超载比例（%）	0	30	50	80
车辆后轴轴载（kN）	100	130	150	180
接地压强（MPa）	0.7	0.83	0.91	1.0
爬坡速度 v_0（km/h）	55	50	45	40
（3%坡）坡道垂直荷载 N（N）	24970	32500	37483	44980
（3%坡）坡道水平力 F（N）	3020	3473	4018	4858

超载车辆在3%坡上爬坡时路面结构层最大剪应力（MPa）　　表 4-6

路面层位	路面深度（m）	标准轴载	超载30%	超载50%	超载80%
沥青上面层顶	0	0.347	0.401	0.464	0.549
沥青上面层底	−0.04	0.257	0.3	0.338	0.396
沥青中面层底	−0.1	0.171	0.201	0.23	0.264
沥青下面层底	−0.17	0.0824	0.103	0.115	0.135
基层底	−0.17	0.0886	0.105	0.117	0.136
底基层底	−0.49	0.0159	0.0188	0.0206	0.0227

由表 4-5、表 4-6 计算结果可以看出：

（1）车辆荷载对路面结构剪应力影响较大，随着车辆荷载的增加，路面最大剪应力明显增大。

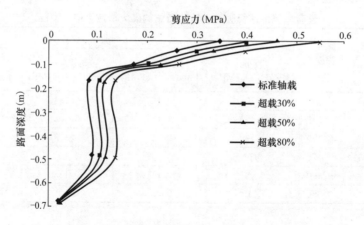

图 4-3　超载车辆在 3% 坡路面上爬坡时路面结构剪应力分布图

（2）与标准轴载作用相比，路面结构各层剪应力随车辆荷载的增大近似呈线性增大趋势。超载 30% 时，路面结构层间剪应力增大 15%～19%；超载 50% 时，路面结构层间剪应力增大 29%～42%；超载 80% 时，路面结构层间剪应力增大 43%～67%。路面结构层间剪应力分布如图 4-4 所示。

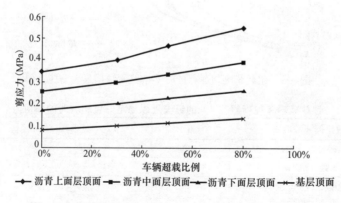

图 4-4　路面结构层间剪应力随车辆超载比例的变化关系

（3）超载车辆在平坡上匀速行驶，路面结构最大剪应力位于沥青面层下 0.04m 位置。

（4）超载车辆在 3% 坡路面上慢速爬坡时，受轮载水平力增加影响，路面结构最大剪应力上移至沥青上面层顶面，路面最大剪应力值增大 3 倍左右，即车辆超载作用下纵坡路面受剪应力破坏十分严重。

4.1.3　不同坡度条件对半刚性基层沥青路面剪应力影响

坡面上车辆与路面之间不同于一般路段路面处的作用机制，国外发达国家的纵坡路段设计主要根据车辆爬坡性能进行的，主要考虑坡长和坡度两个参数。我国借鉴国外成功经验，结合国内交通现状，制定了《公路工程技术标准》，对坡度和坡长作了具体的规定[92]（见表 4-7）。

最大纵坡							表 4-7
设计速度（km/h）	120	100	80	60	40	30	20
最大纵坡（%）	3	4	5	6	7	8	9

国外高速公路轴重控制严格，车辆爬坡性能高，爬坡速度相对较高，在正常路面上使用情况良好的沥青路面结构，在一般的纵坡上使用效果同样不错。纵坡路段出现车辙、推移、拥包等破坏也较少。因此，一般情况下国外并没有真正意义上花费时间、精力对纵坡沥青路面进行深入细致的专题研究，而是针对沥青混凝土的其他性能，如高温下的抗车辙性能、抗水损坏性能、耐疲劳破坏能力、降噪环保等各方面的研究相对较多。而我国交通现状与国外差距较大。首先表现为超载现象严重，超载率一般在100%～200%，有时甚至达到300%；其次是国产车辆爬坡性能较差，爬坡速度较慢，大大增加路面结构动力响应和作用时间，造成路面间剪应力增加；而且我国广泛采用的半刚性沥青路面结构力学性能与国外路面结构力学性能差异严重，易于形成多种破坏，如半刚性基层反射裂缝、沥青面层与基层之间发生层间推移等。分析了不同坡度条件下车辆速度、水平力、轴载对纵坡沥青路面应力状态的影响规律。

分析工况：标准轴载以稳定速度分别在平坡、1%、3%、5%纵坡路面上行驶。

由表4-8、表4-9、图4-5、图4-6可知：

路面上作用的单轮荷载随坡度变化					表 4-8
坡度（%）	0	1	3	5	
稳定速度 v（km/h）	80	70	55	45	
坡道垂直荷载 N（N）	25000	24990	24970	24900	
坡道水平荷载 F（N）	520	1295	3020	4939	

车辆慢速上坡时路面层间剪应力值（MPa）					表 4-9
路面层位	路面深度（m）	坡度条件			
		0	1%	3%	5%
沥青上面层顶	0	0.103	0.187	0.347	0.544
沥青上面层底	−0.040	0.158	0.182	0.257	0.367
沥青中面层底	−0.100	0.138	0.149	0.171	0.202
沥青下面层底	−0.170	0.08	0.0802	0.0824	0.096
基层底	−0.490	0.087	0.087	0.0886	0.091
底基层底	−0.690	0.0156	0.0156	0.0159	0.0163

（1）车辆在纵坡上爬坡时为了克服较大的坡道阻力，不得不换挡减速以获得较大的牵引力，路面坡度越大，车辆爬坡速度越慢，作用在坡道上的水平力就越大，轮胎对路面的剪切作用也越大。由此可以看出，坡度仅是影响路面结构剪应力的外在体现，纵坡路面结构剪应力实际上是汽车荷载垂直分力、水平力和车辆速度综合影响的结果。

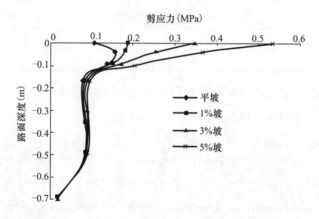

图 4-5 不同坡度条件下路面结构剪应力随路面深度的分布关系

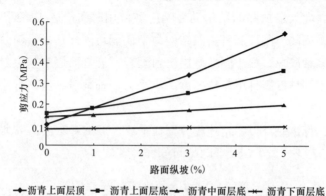

图 4-6 纵坡段沥青路面层间剪应力随坡度变化关系

(2) 纵坡沥青路面结构层层间剪应力随坡度增大而增大，其增大幅度随路面深度增加而降低。标准轴载车辆在坡度为1％～5％不等的纵坡路面上行驶时，路表最大剪应力由0.187MPa增至0.544MPa，路表最大剪应力增大1.9倍。其余各层层间剪应力随坡度变化增幅逐渐降低。

(3) 层间完全连续时，沥青面层与半刚性基层层间剪应力随路面坡度变化敏感性不大。坡度从1％增至5％时，层间剪应力由0.0802MPa增至0.096MPa，增幅17％。

4.1.4 不同基层刚度对半刚性基层沥青路面剪应力影响

水泥稳定碎石结构层的强度指标在很大程度上取决于水泥的含量，随着水泥剂量的增加，水泥稳定碎石的物理-力学性质也将显著改善。但过多的水泥用量，虽然可以获得强度的增加，同时也会产生较大的收缩和较多的裂缝。我们在路面钻孔取芯调查中发现，有的路段由于基层水泥用量较大，基层出现大量的非荷载型裂缝。

根据水泥稳定碎石层回弹模量与水泥用量的关系，分析不同水泥用量条件下半刚性基层沥青路面应力变化规律。半刚性基层回弹模量随水泥掺量改变而变化，本书根据现场调研与室内试验经验数据，列出了半刚性基层回弹模量与水泥掺量的对应关系，见表4-10。

第4章 半刚性基层沥青路面抗裂土工布应力吸收层的适用性研究

水泥稳定碎石半刚性基层水泥掺量与回弹模量值的关系　　　　表 4-10

水泥掺量	4.5%	5%	6%	8%
半刚性基层回弹模量（MPa）	1500	2500	3500	5500

分析工况：不同半刚性基层刚度条件下，标准轴载车辆在 3% 坡道上慢速行驶。

不同基层刚度条件下 3% 纵坡路面层间剪应力值（MPa）　　　　表 4-11

路面层位	深度（m）	半刚性基层刚度（MPa）			
		1500	2500	3500	5500
沥青上面层顶	0	0.347	0.34	0.336	0.332
沥青上面层底	-0.04	0.257	0.258	0.26	0.262
沥青中面层底	-0.1	0.171	0.174	0.176	0.181
沥青下面层底	-0.17	0.0824	0.083	0.0843	0.0885
基层底	-0.49	0.0886	0.111	0.127	0.15
底基层底	-0.69	0.0159	0.013	0.0112	0.009

为了更好地表述沥青面层与半刚性基层层间剪应力与基层刚度关系，下面以半刚性基层与沥青下面层刚度比为变量，描述纵坡路面结构层间剪应力的变化规律，见图 4-7、图 4-8 和表 4-12。

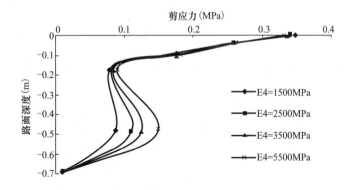

图 4-7　不同基层刚度条件下路面结构层剪应力随深度分布的关系

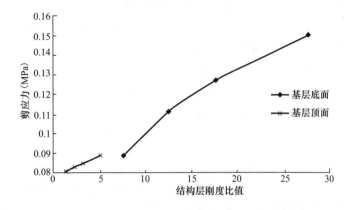

图 4-8　基层顶、底面层间剪应力随层间刚度比的变化关系图

剪应力与结构层刚度比的关系　　　　表 4-12

刚度比	基层与沥青下面层刚度比				基层与底基层刚度比			
	1.36	2.27	3.18	5	7.5	12.5	17.5	27.5
剪应力（MPa）	0.024	0.083	0.0843	0.0885	0.0886	0.111	0.127	0.15

以上分析可知：

（1）半刚性基层剪应力随着半刚性基层内水泥掺量与刚度的增加而增大。水泥掺量由 4.5% 增至 8% 时，半刚性基层模量改变较大，由 1500MPa 增至 5500MPa，半刚性基层顶面最大剪应力由 0.0824MPa 增至 0.0843MPa，增幅 2.3%；半刚性基层底面最大剪应力由 0.0886MPa 增至 0.15MPa，增幅 69%。

（2）相对于基层刚度变化而言，半刚性基层剪应力受上下层层间刚度比影响更为显著，层间剪应力随着结构层刚度比的增加呈近似线性增加。由于本结构半刚性基层刚度与底基层刚度比更为显著，所以半刚性基层底面剪应力随基层刚度变化更敏感。

（3）水泥掺量越大，半刚性基层强度提高，会产生较大的收缩和较多的裂缝，路面在汽车荷载作用下，还会产生较大的层间剪应力，进而加速层间滑移、推移破坏。

因此，严格控制半刚性基层刚度条件，有利于改善路面结构层间剪应力，更好地防治半刚性基层路面反射裂缝与层间滑移病害。

4.1.5　不同层间黏结条件对半刚性基层沥青路面剪应力影响

我国《公路沥青路面设计规范》（JTG D50）中仅考虑沥青路面或加铺层层间接触为完全连续状态，实际上，在路基路面结构体系中层间是不可能做到完全连续的，一般路面结构的层间结合条件都处于完全连续和完全滑动状态之间，特别是在基层和面层之间，由于材料性质相差很大，层间更容易出现剪切滑动破坏，层间结合条件对路面结构的应力有很大影响，进而会影响到路面结构的使用性能。因此，良好的层间接触条件对于延长路面的性能有着重要的意义。

在沥青面层与半刚性基层间设置抗裂土工布应力吸收层用于防治沥青路面反射裂缝，若使用不当，半刚性基层与面层之间的连接易成为沥青路面结构中薄弱的环节，降低了路面结构层在荷载作用下的整体性，并逐步演化成路面早期病害出现的主要诱因，通车后易引发层间剪切滑移，产生推挤裂纹，严重时形成滑移、推挤、拥包等病害。因此，基于 ANSYS 软件，建立沥青路面层间接触模型，以层间摩擦因素的大小来表征接触面层间剪应力传递能力的强弱，进行沥青面层与半刚性基层层间接触状态下路面层间剪应力分析。

在 ANSYS 有限元分析中，接触条件是一类特殊的不连续约束，分析时，需要在模型中各个部件上创建可能接触的面。一对彼此可能的接触面，称为接触对，各接触面必须服从定义的本构模型。接触面之间的相互作用包括两部分：一部分是垂直于接触面的相互作用；另一部分是沿接触面切向的相互作用，切向作用包括接触面间的相对运动（滑动）和可能存在的摩擦剪应力。

在 ANSYS 中定义接触：

（1）定义并识别接触面

识别接触面（沥青面层）和目标面（半刚性基层），使用接触单元 TARGE170 和 CONTA174 来模拟接触面，目标单元和接触单元通过共享实常量设置组成接触对。

（2）设置单元选项和实常量

对面-面接触单元，选用惩罚模式。惩罚模式用接触"弹簧"来建立两个接触面间的关系。弹簧刚度成为接触刚度。

（3）创建接触面（目标面）单元

设置接触单元属性，选择可变形表面的节点，并在变形体上创建接触单元，与在变形网格上对目标单元的处理相同。将接触属性赋予接触面。

分析工况：标准轴载车辆在 3%坡道上爬坡，不同沥青下面层与基层接触条件下（表 4-13），路面结构层间剪应力值见表 4-14。其中路面结构参数与车辆荷载参数同前。

沥青面层与半刚性基层接触条件 表 4-13

面层与基层接触程度	完全接触	接触良好	接触不良	接触较差	完全光滑
接触系数	>1000	1	0.5	0.2	0

面-基层不同接触条件下车辆在 3%坡道上行驶时路面层间剪应力值（MPa） 表 4-14

路面层位	深度(m)	完全接触 >1000	接触良好 1	接触不良 0.5	接触较差 0.2	完全光滑 0
沥青上面层顶	0	0.347	0.338	0.34	0.348	0.351
沥青上面层底	−0.040	0.257	0.259	0.26	0.261	0.261
沥青中面层底	−0.100	0.171	0.198	0.217	0.231	0.234
沥青下面层底	−0.170	0.0876	0.114	0.166	0.246	0.267
基层顶	−0.170	0.0808	0.054	0.0573	0.069	0.0795
基层底	−0.490	0.0886	0.0996	0.115	0.129	0.137
底基层底	−0.690	0.0159	0.0219	0.0243	0.0263	0.0275

由计算结果（表 4-14、图 4-9、图 4-10）可知：

（1）沥青面层与基层间的接触状态对各层层间最大剪应力影响较大。随着面层与基层接触条件的恶化，沥青下面层底面（接触面）剪应力急剧增大，基层顶面（目标面）剪应力变化不大，沥青下面层底面与基层顶面发生剪应力突变，层间揉搓作用明显增大。

（2）当沥青面层与半刚性基层结合程度好，为连续状态时，层间应力逐渐平衡，应力突变现象消失。

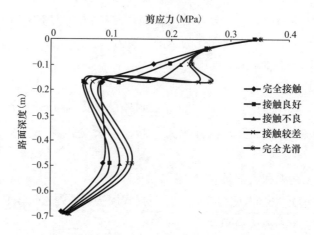

图 4-9 基层与面层不同接触状态下路面结构剪应力分布图

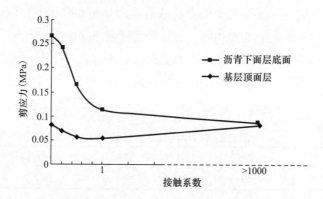

图 4-10 面层与基层层间剪应力值随层间接触系数的变化趋势

（3）当沥青面层与基层接触不良时，面层底面剪应力大于基层剪应力，导致路面在面层与基层接触位置出现层间小滑移；随着接触面接触程度的进一步降低，面层与基层在车辆反复荷载作用下，最终易表现出"两张皮"的现象。

4.1.6 不利工况组合条件对半刚性基层沥青路面剪应力影响

综合以上条件，下面分析纵坡路面重载车辆低速爬坡不利工况组合时的路面层间剪应力分布情况，确定适用在纵坡沥青路面上设置抗裂土工布应力吸收层的合理纵坡范围。

超载 30% 车辆单轮荷载在纵坡路面上慢速爬坡时的水平作用力　　表 4-15

超载比例（%）	30				
车辆后轴轴载（kN）	130				
接地压强（MPa）	0.83				
路面纵坡（%）	1	2	3	4	5
制动初速度 v_0（km/h）	50	45	40	35	30
坡道垂直荷载 N（N）	32498	32493	32485	32474	32459
坡道水平制动力 F（N）	1550	2874	3473	4648	5680

第4章 半刚性基层沥青路面抗裂土工布应力吸收层的适用性研究

进行表4-15中不利工况组合条件（重载、层间不良接触、基层水泥掺量较大）下不同纵坡路面结构剪应力计算时发现：当纵坡坡度小于3%时，可算得不同层间剪应力；当路面坡度为3%，层间接触不良（接触系数为0.5）时，计算结果不收敛；改善层间结合条件，假设层间接触良好（接触系数为1.0），算得路面结构层间剪应力值；继续增大路面纵坡，由于受较大路面水平力及层间黏结条件限制，计算结果不收敛。表4-16中给出不同纵坡条件下和层间接触条件沥青路面结构剪应力值。

超载30%车辆单轮荷载在纵坡路面上坡时的路面最大剪应力（MPa）　表4-16

路面层位	路面纵坡	0	1%	2%	3%	4%	5%
	接触系数	0.5	0.5	0.5	1.0	>1000	>1000
沥青上面层顶		0	0.149	0.278	0.375	0.478	0.580	0.643
沥青上面层底		−0.04	0.221	0.229	0.263	0.313	0.365	0.423
沥青中面层底		−0.1	0.216	0.234	0.247	0.245	0.247	0.268
沥青下面层底		−0.17	0.1228	0.153	0.1667	0.135	0.191	0.198
基层顶		−0.17	0.0356	0.0583	0.0654	0.0395	0.178	0.182
基层底		−0.49	0.154	0.194	0.196	0.175	0.166	0.168
底基层底		−0.69	0.0314	0.0189	0.0191	0.0177	0.0144	0.0145

根据表4-16路面最大剪应力计算结果，绘制纵坡路面最大剪应力分布如图4-11所示，由以上计算结果可看出：

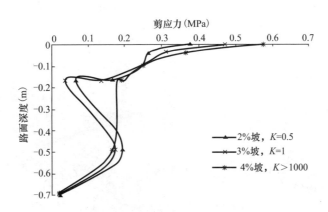

图4-11 不利工况组合条件下纵坡路面结构剪应力分布图

（1）随着路面坡度增大，重载车辆慢速上坡对路面的水平力作用力增加，路面结构层间剪应力增大，路表面层剪应力增加尤为明显。路面结构水平应力与最大剪应力值变化趋势一致，应力值略小。

（2）受层间黏结作用影响，层间黏结程度越好，沥青面层与半刚性基层之间变形协调性、传荷能力越好。层间黏结程度差，沥青面层与基层之间变形协调性与传荷能力差，容易形成剪应力集中，层间发生滑移破坏。

因此，根据以上分析结果，认为考虑实际工程中重载车辆、基层水泥掺量较大，及设置抗裂土工布应力吸收层对沥青面层与基层结合力的影响，建议抗裂土工布应力吸收层不宜用于路面纵坡大于3%的路段。

4.2 加铺抗裂土工布应力吸收层对半刚性基层沥青路面层间黏结的影响

在前述针对抗裂土工布材料性能进行了初步的评价和结构层间力学分析之后，本节针对抗裂土工布应力吸收层的层间性能影响进行研究，并分析温度对层间性能的影响。

从预防病害的角度来讲，层间最主要的性质是其抗剪性能。因此，本章通过MTS试验仪和改进的剪切试验仪，检测抗裂土工布应力吸收层对路面结构层间剪切强度的影响，并考虑不同温度下的抗剪强度值，分析抗裂土工布应力吸收层带来的削弱作用对路面结构的影响程度，以评价其铺设在实际道路中的适用性。

本试验采用施加法向力的层间剪切试验，以更好的模拟车辆荷载带来的剪切作用。

4.2.1 试验设计

1. 试验仪器

根据对国内外试验方法和所用试验仪器的归纳和总结，并结合本书实际情况和试验需求，采用了新型层间剪切试验仪，见图4-12。

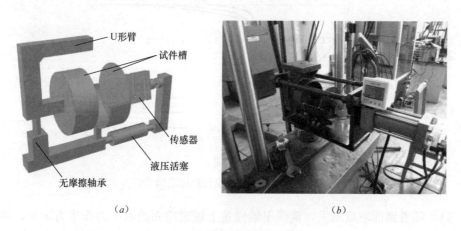

图4-12 仪器三维图及实物图

该试验仪器具有以下两个特点：
① 在剪切试验中可以同时对试件施加切向和法向荷载

道面结构层所承受的剪切力，主要是由车辆在加减速、转弯和掉头时造成的；除了水平剪切力外，车辆荷载对道面有较大的垂直压力，会对结构层间的抗剪强度产生影响。试验原理见图4-13。

② 通过 U 形臂优化设计减少应力分布不均匀现象的影响

传统的剪切试验仪器会在试件表面产生弯矩，从而导致应力分布不均匀的现象（图 4-14）。目前大部分试验都理想地假设剪切力能够在界面产生均匀的应力分布。实际上，无论加载设备多么精密，该现象是不可避免的。因此，新仪器所需要解决的问题是如何在层间界面施加纯剪切力。文献调研发现使用较小的试件和较短的力臂可以在一定程度上减少该现象的影响。

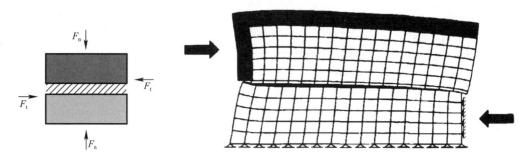

图 4-13　剪切试验原理　　　　图 4-14　剪切试验中的应力分布不均匀现象

本剪切试验仪的剪切力不是直接施加在试件层间界面上，而是通过一个 U 形臂加载，由此尽可能抵消剪力偏心引起的弯矩。

试验过程中，本剪切试验仪安装在 MTS 装置上，MTS 的上压头与剪切仪的 U 形臂顶端接触，施加可控的切向荷载；利用液压活塞施加可控的法向荷载；拉压力传感器用于测量法向荷载的大小；无摩擦轴承用于抵消左半部分的仪器自重；由两部分混凝土黏结而成的试件在切向和法向荷载同时作用下，层间界面发生剪切位移，通过 MTS 记录切向荷载和切向位移。

仪器模具尺寸如图 4-15 所示。

试验中所用的传感器为图 4-16 所示的 S 形拉压力传感器（又名电阻应变式传感器），该传感器以弹性体为中介，通过力作用在传感器两边的电阻应变片使它的阻值发生变化，再经过相应的电路转化为电信号，从而实现对荷载大小的控制。

本试验仪器中，通过液压活塞装置给试件施加法向荷载。液压活塞可以将液压能转化为机械能，产生推力，从而实现直线运动。

2. 试件与制备方法

层间剪切试验所用的试件为圆柱形，由上下两层和层间的土工材料构成，上层为 AC-25 沥青混合料，下层为水泥稳定碎石。每个圆柱体直径 150mm，高度为 50mm+50mm。层间按各组工况选择铺设或不铺设抗裂土工布。试件高度的选取依照仪器容许的高度来确定。

本试验首先制备水稳基层-沥青面层大板，然后钻芯的方法获取试件，这是为了：①避免制作小试件的压实不均导致的不均匀性；②保证对于铺设抗裂土工布应力吸收层的试件，抗裂土工布能够保持平整。

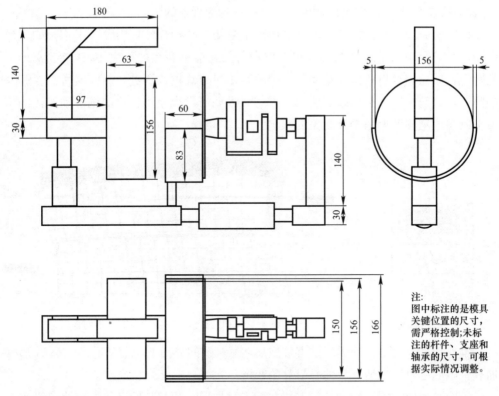

图 4-15 仪器尺寸图

大板尺寸为 200cm×200cm×5cm，此次试验使用 140cm×130cm×5cm 的部分，其余部分备用。待养生完成后，在其中 140cm×65cm 部分铺设抗裂土工布。沥青用量取 1.2kg/m²，这是铺设抗裂土工布应力吸收层时的通常用量。不铺设抗裂土工布应力吸收层部分的沥青用量取 0.6kg/m²。在抗裂土工布铺设完成后，架设面层模具，成型 140cm×130cm×5cm 的 AC-25 沥青混合料面层。

使用钻芯机，按图 4-17 进行钻芯，共取 36 个芯样，有布、无布各 18 个。

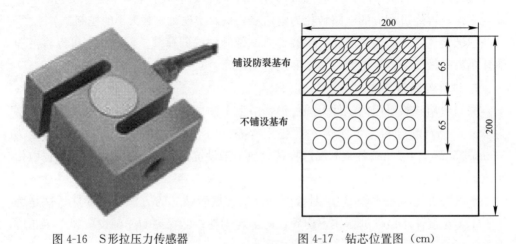

图 4-16 S形拉压力传感器　　图 4-17 钻芯位置图（cm）

3. 试验因子

本试验共考虑 2 个因子，每个因子均为 3 水平。分别为层间工况（铺设抗裂土工布沿纵向加载、铺设抗裂土工布沿横向加载、不铺设抗裂土工布），试验温度（−15℃、5℃、25℃）。

层间工况的不同是本试验的主要研究点，对于铺设抗裂土工布的试件考虑纵向剪切和横向剪切两种不同情况，是为了模拟实际路面受到纵向和横向剪切力的情况。土工织物类材料在其纵向和横向的力学性能有所差别，通常沿纵向的抗拉强度和刚度大于沿横向的对应值。因此，铺设抗裂土工布后将会对路面的抗剪强度造成方向上的区别，易受到横向剪切力的路段，如转弯段将可能成为层间抗剪的薄弱段。因此，对于沿抗裂土工布不同方向剪切强度的测试对评估其对于层间黏结的削弱程度很有必要。沿着除纵向和横向之外的其他角度的剪切强度值，理论上应位于二者的剪切强度之间，测出纵向和横向值即取得各方向的最大、最小值，足以对层间抗剪能力进行分析。

国内外的研究表明，温度对层间剪切强度的影响十分显著。高温下随着沥青的软化，多数研究表明层间剪切强度将有所下降；但对于随着温度降低过程剪切强度的变化情况却并未达成共识。此外，大多数研究仅着眼于高温下的剪切，对于低温，尤其是负温下的性质研究较少，且结论并不统一，对于低温下造成剪切强度上升或是结构脆断仍不明确。本试验旨在模拟工程实际的温度情况，模拟其在年均最高温、最低温时的路面剪切性能，并依此对抗裂土工布应力吸收层使用提出建议。依托工程地区大气年最高温度约为 25℃，年最低温度约为 −15℃，因此取这两个温度值进行试验。此外，为得到剪切强度随温度的变化规律，在二者中间插入 5℃ 试验组。温度使用 MTS 仪器附带的恒温箱进行控制，如图 4-18 所示。

图 4-18 恒温箱

试验安排表如表 4-17 所示。

直剪试验安排表　　　　表 4-17

试验号	抗裂土工布	温度（℃）	加载工况
1	纵向	−15	一次加载
2	横向	−15	一次加载
3	无	−15	一次加载
4	纵向	5	一次加载
5	横向	5	一次加载
6	无	5	一次加载
7	纵向	25	一次加载
8	横向	25	一次加载
9	无	25	一次加载

4. 荷载工况

本试验对照实际路面中层间受力情况，并参阅国内外相关研究，在切向力的施加上，采取应变控制的一次加载，模拟实际道路中受一次较大的剪力导致层间滑移的情况。虽然实际道路可能会因车辆荷载的疲劳作用而产生破坏，但经过初步试验，剪切疲劳的破坏过程极为突然，且离散性较大，此外，考虑到试验的耗时，平均时间超过半个小时的疲劳加载之下难以控制试验温度。因此，仅以一次加载下的相应指标进行层间抗剪能力分析。经过对钻芯试件的试剪发现，一次剪切试验可在两分钟左右达到试件的剪切强度，可认为在此过程中温度变化不大，故不计试验过程中的温度变化。对以上两种工况，均施加相当于标准轴载 0.7MPa 的法向力，以模拟实际道路在受剪切的同时所受的法向压力。按试件的法向受力面积，计算得法向力大小为 12.36kN。

一次加载试验采用 2.5mm/min 的位移变化率，最大位移受到仪器限制，为 23mm，加载全过程约 10 分钟，试验时间适中。国外研究中有使用更快加载速度进行试验的情况，如 50mm/min，但对本试验来说速度过快，且可能由于过快的剪切影响数据分析。

5. 数据采集

对于层间黏结强度的评价，主要指标为剪切强度和剪切模量，剪切强度可表征试件的极限剪切抵抗强度，剪切模量可表征试件随着变形的抗力增长速度。二者均可由试验中的荷载-位移曲线得出。荷载与位移均由 MTS 试验仪实时记录，数据记录间隔为 0.1s。试验结束后导出数据，画出荷载-位移曲线并提取其中的关键点进行分析。

层间剪应力计算公式见式（4-1）：

$$\tau = \frac{F}{A} \tag{4-1}$$

其中：F 为施加的剪力；A 为试件层间抗剪的面积。

在试件破坏前，可将层间的抗剪面积视为试件的底面积，对于直径为 15cm 的圆形试件，其抗剪面积为 $A=15^2\times\pi/4=176.7$（cm^2）试件破坏时层间受到的剪应力达到最大值，即为该条件下的抗剪强度。

4.2.2 试验过程

1. 水泥稳定碎石基层制作

由于本试验的测试量较大，所需试件较多，若单独制作圆柱体试件，很难保证制作质量的均一性，且费时费力。因此，本试验采用直接制作大板之后钻芯的方法获取试件，在试验量较大的情况下保证各试件较小的变异性。水稳基层尺寸为 200cm×200cm×5cm，由于其尺寸较大，为保证施工质量，请专业施工人员进行施工，主要流程如下：

首先,室外浇筑需要选择晴朗的天气进行,为保证施工平台的平整与洁净,对施工作业区进行清扫。其次,弹线确定浇筑范围并定制木模具,为方便钻芯取出的样本与原水泥混凝土路面分离,在底部洒水并铺上薄膜。在上述准备步骤结束后开始拌制水泥稳定碎石,按规范中骨架密实型级配进行备料,使用拌料机拌合后,使用推车运至模具内进行浇筑。各过程如图4-19所示。

图4-19 水稳基层施工过程

在水稳碎石全部浇筑完成后,需要进行振捣和整平工作。由于浇筑厚度仅为5cm,无法使用振捣棒进行振捣和机械抹平,试验中采用滚筒进行整平。

在水泥稳定碎石板施工过程结束后,在正式加铺沥青混合料前需要进行28天龄期的洒水养护工作,具体方式为在浇筑完成后的非雨天分别在早/晚两次对整块板进行洒水,以保证强度增长阶段的性能达到要求,不出现干缩裂缝。

2. 层间施工

层间的施工质量对于抗剪强度的影响很大。国内外研究表明,若层间存在浮尘或水,将显著地降低层间黏结强度。清理完成后,进行黏层油的洒布,根据实验室实际情况,选择黏层油。

在黏层油洒布前需要布置模具与压路机搭接行驶的通道,以及在模具内侧和底面刷油以方便脱模,在准备工作完成后即可开始黏层油的洒布工作。洒布需要先准备好刷子与天平,使用刷子均匀的将黏层油在模具范围内刷涂均匀。由于毛刷沾有一定量的黏层油,需与锅一起称量至所需刷涂的重量。黏层油洒布后需要一定时间进行凝固或破乳,洒布时间应略早于沥青混合料的拌合时间。

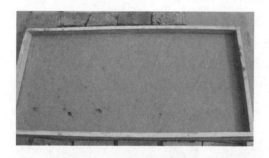

图 4-20 抗裂土工布铺设

对于铺设抗裂土工布的部分，裁剪 150cm×80cm 大小的抗裂土工布，先洒布一半用量的黏层油，然后将抗裂土工布平整的铺设至黏层油上方，用手持的轻质滚轮来回碾压，使其与下层接触良好，见图 4-20。之后再洒布另一半用量的黏层油至抗裂土工布上方，使抗裂土工布被黏层油充分浸润。在此之后，与不铺设抗裂土工布的部分相同。

3. 沥青面层铺设

面层摊铺的总面积为 140cm×130cm×5cm。显然，本试验的摊铺量相对于道路正常施工的摊铺量要小很多，不宜采用外部购料的方式，故选用实验室拌制的混合料铺设。考虑到实验室工具的限制，采用 60L 大型沥青拌锅拌制混合料，如图 4-21 (a) 所示。其最大拌合量为 60L，最佳拌合量为 50L。以沥青混合料密度为 $2400 kg/m^3$ 计算，其单次的最大拌合能力为 $60×2400/1000=144kg$，而实验所铺设的沥青混合料厚度为 5cm，故单次最大铺设面积为 $0.06÷0.05=1.2m^2$，故需要合理设计模具并分块铺设压实。本试验利用已有的 140cm×65cm 的木质模具，单次铺设面积为 $0.91m^2$，集料质量为 115kg，为确保搅拌的均匀性，分两次搅拌，单次搅拌质量为 57.5kg。实际施工时需预先加热集料、沥青、搅拌锅及保温推车，拌合温度为 175℃。搅拌后的混合料放入如图 4-21 (b) 所示的保温推车中暂存，待两锅沥青混合料全部拌合完成后进行摊铺作业。

(a)　　　　　　　　　　(b)

图 4-21 沥青搅拌锅及保温推车

用推车将拌合完成的混合料运至摊铺位置，使用铁锹将混合料在模具范围内均匀铺开，而后使用小型压路机进行压实。铺开后的高度可稍大于 5cm，以便压实时集料充足。在沥青混合料上铺设涂油的报纸，启用振动模式在模具内前后滚动对混合料进行振动压实。在初步压实之后将压路机退回平台，将模具边上的沥青混合料去除以减小对压实高度的影响，并对部分缺少混合料的区域进行补充。在初步压实后，进行采用相同的方法前后滚动进行进一步的振动压实，待沥青层高度不再变化后即可将压路机推下并关闭。压实前后效果如图 4-22 所示。

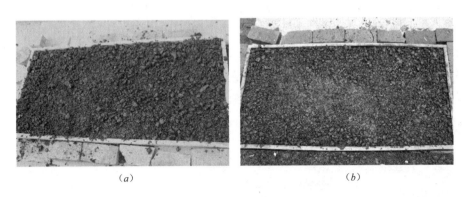

图 4-22　面层摊铺及压实

压实完成 24 小时之后，对完成的沥青混合料进行脱模处理，将模具从试件边上取下。由于沥青混合料相比水泥混凝土而言不需要养生，故试件钻芯可以在沥青混合料成型后进行。

4. 试件获取

在完成的基层-面层板上钻芯，直径为 15cm，共取 36 个试件，其中层间铺设抗裂土工布的 18 个，不铺设土工布的 18 个。由于水稳碎石底面在制作时已经铺设了塑料薄膜与原有水泥混凝土路面进行隔离，钻取的芯样与下层为分离状态，取出后可直接用于剪切实验。钻芯过程如图 4-23（a）所示，试件取出方法如图 4-23（b）所示。

图 4-23　钻芯过程

由于钻芯效果较好，对多个试件进行直径测量，在直尺的精度范围内直径均为标准所要求的试件直径，并且剪切仪在设计时没有提供直径的容差，而在实际剪切时没有出现试件无法装入的情况，可以认为试件的直径符合要求。对于部分因施工摊铺原因造成的试件高度问题，由于剪切仪在层间部分留有 1cm 左右的容差，对于沥青层过薄的试件，采用垫片将层间垫入剪切范围内，对于过厚的试件，采用切割多余的部分后进行实验。

5. MTS 加载

将剪切试验仪安装在 MTS 设备上，MTS 的上压头与仪器的 U 形臂顶端接触。按照试验方案所需的试验温度提前冷却试件，然后放入剪切试验仪中，如图 4-24（a）所示，通过液压活塞对试件施加法向荷载，然后使用 MTS 进行切向加载。加载过程中，右半部分保持静止，左半部分在荷载作用下发生切向位移，试件逐渐剪开，如图 4-24（b）所示。本试验加载过程为应变控制，根据仪器本身容许的切向位移值，设置最大位移为 23mm。当位移达到最大值时，试验终止。试验全过程由 MTS 自动记录力与位移数据。

(a)　　　　　　　　　　　　(b)

图 4-24　试件加载

4.2.3　结果分析

根据试验中记录的数据，提取不同的关键值，对铺设和不铺设抗裂土工布对层间黏结的影响以及不同温度对层间黏结的影响进行分析。

1. 各温度下抗裂土工布铺设与否对层间黏结性能的影响

（1）抗剪强度

剪切强度评估了层间在一次荷载作用下的极限抵抗强度。图 4-25 列出了不同温度下铺设抗裂土工布（包括纵向和横向）以及不铺设抗裂土工布的试件剪切强度对比情况。在代表夏季温度的 25℃下，不铺设抗裂土工布的试件的抗剪强度为 360kPa，而铺设抗裂土工布的试件抗剪强度要低一些，分别为约 290kPa（纵向加载）和 270KPa（横向加载）。在中间差值的 5℃时，铺设和不铺设抗裂土工布的试件的抗剪强度均有所提升，不铺设土工布的抗剪强度约为 1450kPa，铺设抗裂土工布的试件抗剪强度分别为 1100kPa（纵向加载）和 1000kPa（横向加载）。在代表冬季温度的 −15℃时，抗剪强度再次得到了明显的提升，且有布组和无布组的差别变得并不显著。不铺设土工布的试件抗剪强度为 2030kPa，铺设抗裂土工布的抗剪强度分别为 2320kPa（纵向加载）和 2200kPa（横向加载）。为方便分析铺设抗裂土工布带来的层间黏结强度削弱，将各温度下不铺设抗裂土工布试件的抗剪强度定为100%，求得铺设抗裂土工布试件的抗剪强度占其百分比，汇总为表 4-18。

抗剪强度对比表　　　　　　　　　　表 4-18

温度/层间布置	有布（纵向）	有布（横向）	无布
−15℃	114.38%	108.22%	100.00%
5℃	75.61%	69.39%	100.00%
25℃	80.47%	73.99%	100.00%

从图 4-25 和表 4-18 中可以看出，相较于层间不铺设抗裂土工布的情况，铺设抗裂土工布在大多数温度情况下会造成抗剪强度的削弱，在常温下的削弱幅度约为 23% 左右，若计入 5℃ 和 −15℃ 的结果取平均值，则削弱幅度仅为 13%。对比国内外研究中其他土工材料对层间黏结的削弱来看，削弱的幅度并不大。在低温情况下，铺设抗裂土工布对抗剪强度的影响很小，有布和无布组的剪切强度几乎相同，甚至略高于无布组。这说明铺设抗裂土工布可以较好地维持一定的层间黏结，将其负面作用控制在可以接受的范围内。

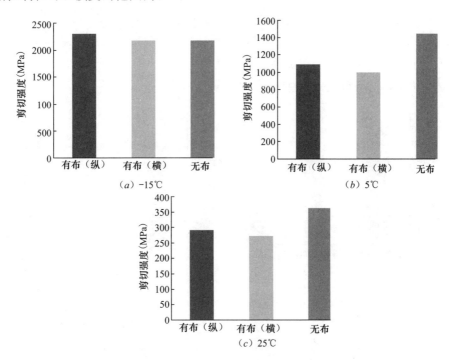

图 4-25　剪切强度对比图（不同层间布置）

从铺设抗裂土工布试件沿不同加载方向的结果可以看出，沿抗裂土工布横向的剪切强度与纵向相比稍低，这是由于抗裂土工布本身作为聚丙烯无纺布，其制造工艺导致了纵横方向上的拉伸模量和抗拉强度有所差别，沿其横向的拉伸模量及强度均低于纵向的相应值，因此，沿抗裂土工布横向施加的力会得到比纵向低的抗剪强度。在实际道路中,车辆荷载在直线段主要引起沿道路纵向的剪切力,而在转弯段由于离心力的作用,会对道路产生横向的剪切力,在这些易产生横向剪切力的路段,应在施工阶段严抓层间施工质量,铺设抗裂土工布时亦需要注意铺设平整无褶皱,必要时可采取基层拉毛等措施加强层间黏结。

(2) 剪切模量

除了剪切强度之外,剪切模量的大小也是评估层间黏结强弱的一个重要指标。剪切模量较大的情况下,层间较小的变形便可引起较大的应力,更好地抵抗外部的剪切力作用。

图 4-26 列出了不同温度下,铺设抗裂土工布与不铺设抗裂土工布的试件实测剪切模量的对比。在 25℃下,不铺设抗裂土工布的试件的剪切模量为 9.2MPa,而铺设抗裂土工布的试件的剪切模量,分别为约 11.3MPa(纵向加载)和 6.1MPa(横向加载)。在 5℃时,铺设和不铺设抗裂土工布的试件剪切模量均有所提升,不铺设土工布的剪切模量约为 43.3MPa,铺设抗裂土工布的试件剪切模量分别为 38.9MPa(纵向加载)和 24.1MPa(横向加载)。在代表冬季温度的 -15℃时,剪切模量再次得到了明显的提升,且有布组的剪切模量值全部超过了无布组。不铺设土工布的试件剪切模量为 39.2MPa,铺设抗裂土工布的剪切模量分别为 82.3MPa(纵向加载)和 62.3MPa(横向加载)。为方便分析铺设抗裂土工布带来的层间黏结强度削弱,将各温度下不铺设抗裂土工布试件的剪切模量定为 100%,求得铺设抗裂土工布试件的剪切模量占其百分比,汇总为表 4-19。

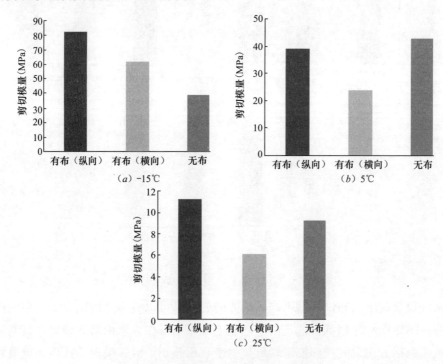

图 4-26 剪切模量对比(不同层间布置)

第4章 半刚性基层沥青路面抗裂土工布应力吸收层的适用性研究

剪切模量对比表（与无布组比较）　　表 4-19

温度/层间布置	有布（纵向）	有布（横向）	无布
-15℃	209.89%	159.00%	100.00%
5℃	89.85%	55.73%	100.00%
25℃	122.38%	66.33%	100.00%

从图 4-26 和表 4-19 可以看出，相较于抗剪强度的对比情况，剪切模量的对比中，铺设抗裂土工布的试件表现要好得多。在代表冬季最低温的-15℃和代表夏季最高温的 25℃下，铺设抗裂土工布的剪切模量均大于不铺设抗裂土工布的相应值，对于横向加载，多数情况下剪切模量较低，仅相当于不铺设抗裂土工布时的 60% 左右，但在低温下，沿抗裂土工布横向加载的试件仍表现出了高于无布组的剪切模量。对所有实验数据取均值，有布组的剪切模量平均为无布组的 117%。这说明铺设抗裂土工布虽然会使抗剪强度有所降低，但对于剪切模量的影响不大，反而可能带来少量的提升，这使得铺设抗裂土工布的路面仅发生少量的变形就可以有足够的抗剪能力，使得路面结构不易发生损坏。

2. 温度对剪切性能的影响

图 4-27（a）、（b）描述了铺设和不铺设抗裂土工布情况下，试件的剪切强度随着温度的变化。在试验温度为-15℃时，有布和无布组的剪切强度均值均处在 2000kPa 以上，当试验温度变为 5℃时，无布组的剪切强度下降为约 1450kPa，有布组则下降为 1100kPa 左右，稍低于无布组。当试验温度为 25℃时，有布组和无布组的剪切强度进一步下降为 300kPa 左右。对比不同温度下的值可以看出，试验温度对于层间铺设抗裂土工布和不铺设土工布的试件的剪切强度均有十分显著的影响。相较于夏季平均温度 25℃时的剪切强度值，5℃时的剪切强度约为其 4 倍，当温度下降到冬季的负温时，试件并未发生因沥青变脆而发生脆性破坏，剪切强度继续提高，-15℃的剪切强度约为 25℃时的 7～8 倍。从试验结果上来看，面层与基层层间的剪切强度随温度的变化具有单调性，且在试验涉及的温度范围内随温度降低而明显的增大。然而，本试验仅针对典型工程地区年平均最高温和最低温之间的情况设计，当温度范围超出本试验涉及的范围之外时，如高纬度地区的严寒地带或热带更加炎热的地区，剪切强度的变化可能会出现不同的情况。

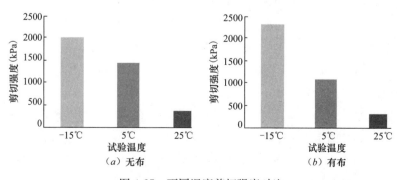

图 4-27 不同温度剪切强度对比

分析可知，在实际路面中，反射裂缝最易在寒冷的冬季产生，而此时的层间黏结强度很高，不致发生层间滑移。因此，铺设抗裂土工布造成的剪切强度削弱不致造成潜在的危害。另一方面，在炎热的夏季，黏结强度整体较弱，抗裂土工布应力吸收层造成的剪切强度削弱应在设计时予以考虑，严格控制施工质量，保证路面结构不致发生剪切滑移。

4.3 典型条件下抗裂土工布应力吸收层的适用性分析

目前沥青路面设计方法大多将车辆荷载等效为标准轴载条件下的垂向静荷载，在低速、轻轴载的路面设计中该方法是可行的，但随着车速的提高和车辆轴载的增加，标准轴载条件下的竖向静荷载设计方法与路面实际受力情况差异较大。此外，实际上车辆在路面上行驶时，路面不仅受车辆的垂向荷载作用，还会因坡道、车辆换挡变速等承受较大的水平荷载作用，水平荷载对沥青路面结构内部的纵向正应力和纵向剪应力影响很大，会引起路面横向滑移和层间破坏，纵坡路段尤为显著。

前述研究了荷载加速路面破坏的速度与程度，特别是对纵坡沥青路面更是如此。本文分析也表明，沥青面层与半刚性基层黏结条件不良时，沥青下面层剪应力增大显著。究其原因是由于车辆加速、减载频繁，轮胎对路面会产生较大的水平制动力，并在路面面层内部产生较大的水平剪应力，加上沥青面层与半刚性基层之间变形协调性、传荷能力变差，层间接触存在不足，如果此时沥青面层与基层层间抗剪强度不足，就很容易产生拥包、滑移、车辙等病害。

4.3.1 半刚性基层沥青路面抗裂土工布复合结构抗车辙性能

由于常规采用的土工布＋沥青碎石封层的复合式应力吸收层方案，界面总体的沥青用量相对传统的碎石封层要多，达到近 $3kg/m^2$ 左右，而典型的橡胶沥青应力吸收层 SAMI 约 $2.7kg/m^2$ 左右。考虑到下面层底部含有大量沥青，可能会对沥青面层的抗车辙性能有不利的影响，本书专门针对性地开展了复合车辙板的试验研究。

考虑常规情况，复合车辙板通常采用全厚度试验，即半刚性基层＋应力吸收层＋沥青面层（含上、中、下面层 17cm 厚），可以更真实地模拟实际情况，反映沥青路面抗车辙性能。但由于需要定制专门的加高式的车辙试模，故本书采用了 10cm 厚的半刚性基层（5cm）＋应力吸收层＋下面层 AC-20（5cm）的试验方法，主要分析对下面层高温稳定性的影响。

试验结果如表 4-20 显示，复合车辙板 60℃动稳定度平均值达到 2630 次/mm，相比普通 5cm 厚车辙板有所降低，但幅度不大，约 5%～10%左右，影响不是十分敏感，这从侧面反映了黏层油和下封层沥青的总体用量虽多，但是一部分会被土工布吸收，因此对混合料抗车辙性能影响不明显。

第4章 半刚性基层沥青路面抗裂土工布应力吸收层的适用性研究

高温车辙试验结果 表4-20

序号	方案	60℃动稳定度（次/mm）		
一	复合车辙板	2520	2731	2640
二	普通AC-20车辙板	2835（原配合比设计中试验的平均值）		

可以预测，在整体沥青路面结构17cm厚度下，半刚性基层上抗裂土工布界面的自由沥青对整体路面结构的抗车辙性能几乎不会产生显著影响。

4.3.2 典型条件下沥青路面抗裂土工布应用注意事项与工程措施

已有工程表明，用于防治沥青路面反射裂缝及网裂的土工布在沥青路面工程应用中，其作用机理在于：①土工布减小了沥青面层与半刚性基层层间的结合力。面层-基层之间有了间隔层，原来二层界面处的结合力将减小，由此使沥青面层最大拉应变减小。虽然界面强度下降，却仍足以防止界面上下的相对位移而保持连续。②土工布具有较大的延伸能量，使应力扩展更宽的范围，从而缓解裂缝处的应力集中，亦即起到了吸收部分拉伸能量的作用，并承担部分水平应力，增加了结构承载力。③土工布导热系数低，当环境温度高于基层时，外部热量传递受阻于土工布，起到隔热保温作用，减缓基层与环境的温差，减低温差应力。④土工布在浸沥青黏层油后，原渗透系数要降低约2个数量级，所形成的沥青布要比沥青混凝土具有更好的抗渗性，当它与沥青混合料面层黏结时，会使面层的拉伸强度和模量有所提高，裂缝大为减少。⑤半刚性基层已发生温缩或干缩裂缝，在向上反射时会由于土工布的韧性及一定的蠕变性而被吸收并松弛，从而发挥它的应力阻隔作用，达到防止反射裂缝的目的。此外，土工布浸透沥青后，还可形成密封防水层，能够阻止地表水渗入基层，使路面基层材料不致由于受到水的侵蚀而早期损坏。

现场调查发现，半刚性基层沥青路面的裂缝类型有剪切型、张开型等反射裂缝，也有疲劳损伤裂缝，铺设于沥青面层底部的抗裂土工布，相当于对沥青面层起到了一定的应力改善作用。

基于以上分析研究结果，考虑层间结合力、水泥稳定碎石中水泥掺量、纵坡坡度、车辆荷载等方面影响特性，总结分析典型条件下抗裂土工布在半刚性基层沥青路面中应用的具体注意事项与工程措施。

（1）提高面层-基层层间结合能力

防治路面反射裂缝，可采取在基层与面层之间增设抗裂土工布，作为应力吸收层，对减缓反射裂缝的产生和扩展具有良好的效果。铺设抗裂土工布应力吸收层会使得层间剪切强度有所下降，常温下的下降幅度约23%，综合不同温度下的表现，下降幅度平均为13%。这说明抗裂土工布虽然会对层间黏结有所削弱，但程度不大，可以通过严抓施工质量确保层间黏结力足够。因此，抗裂土工布应力吸收层的适用性得以保证。提高面层-基层层间结合能力，应在铺设抗裂土工布应力吸收层时，严格执行施工工艺与程序，控制热沥青用量范围与热沥青喷洒的均匀性，保证抗裂土工布黏结牢固性。

沿抗裂土工布横向的加载会得到比纵向低的剪切强度和剪切模量，这是因为抗裂土工布自身性质所导致的。在实际易发生横向剪切的转弯段等路段，应注意层间的施工质量，如去除基层表面凸起、灰尘和水，保证抗裂土工布摊铺平整等。必要时可以使用对基层顶面拉毛、刻槽等措施提高层间抗剪能力。

（2）严格控制水泥稳定碎石基层的水泥掺量

严格控制水泥掺量，确保水泥稳定碎石基层级配均匀准确。水泥稳定碎石基层具有强度高、稳定性好、抗冲刷能力强以及工程造价低等特点，但该混合料在道路建成初期发生干缩、温缩裂缝，引起路面反射裂缝。因此，在实际工程中为了获得较好的半刚性基层性能，可选择强度较高的级配和减少水泥用量。即在7d无侧限抗压强度满足规范要求的前提下，应首先考虑降低水泥用量，并选择合适集料级配，保证所设计的水泥稳定碎石混合料既有较高的强度，又有良好的收缩性能。在工程施工中，更应严格控制水泥剂量。水泥剂量太小，不能保证水稳基层的施工质量，而剂量太大，既不经济，还会使基层的裂缝增多、增宽，从而引起沥青面层的相对应的反射裂缝。所以，严格控制水泥用量，做到经济合理，精益求精，以确保工程质量。

（3）控制抗裂土工布应力吸收层应用路段坡度

在纵坡较大的路段，不论在施工或运营过程中，抗裂土工布均容易产生推移，在纵坡较大的路段不适宜使用土工布作防裂措施。因此，应控制抗裂土工布应力吸收层应用路段坡度，建议其不宜用于纵坡大于3％的沥青路面段。

（4）控制车辆荷载

由于国内国道主干线内重载、重交通普遍，30％以上的载重车单轮轴载超过130KN，承重轴60％以上的轮胎充气压力超过0.8MPa，运输车辆重超载、高胎压现象相当普遍。在纵坡路段重载、高轮压、低速对路面的不利作用比一般路段更大，路面病害也更严重。因此，对超载车辆，尤其是超载量超过其核定载量30％以上的车辆，应进行强制性卸载。在进高速路或出高速路口处，设立专门的检测站，严格检测过往大型货车。严格控制过往车辆荷载。

鉴于以上原因，综合国内外现有研究成果，考虑我国公路在检查站、收费站、平交口、出入口匝道区、弯道、大纵坡、桥隧路段等特殊地段，及加油站两侧路面、服务区、养护站等区段，受大交通量、重载车辆反复作用，车辆刹车制动及启动加速操作频繁，路面结构形式多样，路面的交通荷载环境与受力条件恶劣，路面结构力学性能与平坡路面受力情况差异较大。以上路段，行车荷载造成的路面结构受力复杂，路面病害严重，建议上述典型特殊路段均不宜采用抗裂土工布应力吸收层单一措施防治路面反射裂缝。

第 5 章　半刚性基层沥青路面抗裂土工布应力吸收层设计

应用土工布应力吸收层可能减小路面结构层间抗剪强度，使层间黏结更加困难，加上温差和老化的因素，增加了面层滑移的可能性。抗裂土工布应力吸收层的防裂效果受土工布质量的影响较大，对无纺土工织物的技术标准及质量要求较高，但土工织物生产商一般从材料的常规物理力学角度，给出了相应的规格标准，而对实际工程的对应要求结合不足。如何确定抗裂土工布应力吸收层复合结构技术性能控制指标与标准就显得十分重要。

本章根据我国半刚性基层沥青路面的具体特点，综合前述成果，分析抗裂土工布应力吸收层设计的影响因素与参数指标，提出土工布应力吸收层的设计原则、设计流程、结构层与结构组合设计方法、设计参数与标准等。

5.1　抗裂土工布应力吸收层设计的主要影响因素分析

现行《公路土工合成材料应用技术规范》（JTG/T D32）中，对土工材料用于防治路面裂缝的指标参数给出了部分推荐要求，主要有四种材料：玻纤格栅、聚酯玻纤无纺土工织物、长丝纺粘针刺非织造土工织物、聚丙烯非织造土工织物。主要包含单位面积质量、极限抗拉强度、CBR顶破强度、纵横向撕破强度、沥青浸油量等参数指标。

土工织物防反射裂缝在实际工程中使用时，设计施工单位常结合实际提出一些参数指标和保证工程质量的可控措施。在路面工程应用中主要考虑的土工织物工程特性有以下几个方面：

（1）物理特性（厚度和单位面积质量）

沥青面层加铺的土工合成材料，对土工织物，要求既不能过薄，也不能过厚，过厚易导致上下层结合不好而出现剥离现象；同时要求土工织物耐沥青热铺时的高温，否则受沥青混凝土摊铺时高温影响，土工织物材料性能会发生明显变化。

（2）力学特性（抗拉强度、握持强度、梯形撕裂强度、顶破强度、刺破强度、落锥穿透强度和蠕变特性）

土工布的抗拉强度一般较小，主要起隔离作用，因此一般要求材料有一定的强度，同时延伸率应有一定的范围。加铺土工合成材料后，沥青面层层底由温度变化引起的最大拉应力和最大压应力都明显减小，加筋效果十分显著。土工合成材料对于温缩型裂缝的阻裂效果随筋材刚度的增加而有明显改善。

（3）土工织物和土工材料相互作用的界面特性（直剪强度和拉拔摩擦强度）

界面特性的好坏，体现为土工布与结合层之间联结状态的强弱，直接影响到沥青面层的受力状况、土工布抵抗开裂能力。土工材料与上下结构层间的接触状态和土工布的类型对加筋沥青路面的疲劳开裂寿命有着较大的影响。

（4）水利学特性（土工织物孔隙率、土工织物孔径和织物的渗透特性）

（5）土工织物的耐久性（抗老化特性、抗化学腐蚀能力、施工损伤、温度冻融及干湿度变化对织物性能的影响）

本书针对抗裂土工布应力吸收层防裂技术性能要求，结合已有研究及工程实践的成果调研，认为用于道路路面结构防止反射裂缝的土工布应对土工合成材料的强度、抗变形性能参数进行规定。对土工布的设计主要包括厚度、强度、耐温性能、黏层油类型、沥青黏层油用量等。

综上所述，用于道路路面结构防止反射裂缝的土工布应满足以下材料指标要求：

（1）厚度。为了防止加设抗裂土工布后造成沥青罩面层的不良负效应（罩面层剥离破坏），应对土工布的厚度进行严格限制，根据已有工程应用分析，抗裂土工布厚度以小于 1.5mm（单位面积质量 $150\pm3g/m^2$）较为适宜。

（2）幅宽。抗裂土工布幅宽不宜小于单车道宽度。

（3）热稳定性。沥青混合料热铺时的温度达 150℃～170℃左右，故要求抗裂土工布材料在该温度能保持正常工作，要求能耐施工高温，保证材料性能在高温下的稳定。

（4）抗冲击性。建议以 CBR 顶破强度试验 R 来表示，一般宜保证为 $R\geqslant2kN$。

（5）强度。为保证并具有抗刺破和抗胀破等方面的要求，断裂强力（纵横向）宜大于 10kN/m。

（6）耐酸碱性。酸碱环境下，土工布材料性能稳定。

（7）沥青浸油量。土工布有良好沥青吸附能力，沥青浸油量以 $1.2kg/m^2$ 左右为宜。

（8）抗老化性。抗裂土工布在路面使用年限内应保持正常的工作状态，老化试验后断裂强度变化不大。

5.1.1　试验方法

由于加铺抗裂土工布应力吸收层后，半刚性基层沥青路面结构层的性能有一定的改变。为提升半刚性基层沥青路面抗裂土工布应力吸收层的路用性能，尤其是界面受力性能，最核心的关键问题是解决半刚性基层沥青路面在铺设抗裂土工布后的界面性能设计达到使用要求。因此，本部分针对影响抗裂土工布界面黏结性能的主要因素：黏结材料与结构的类型、洒布量等参数与标准进行研究。

抗裂土工布应力吸收层界面的黏结性能主要应用剪切试验和拉拔试验来评价。

剪切试验所使用的仪器为动态伺服试验机 UTM-100，如图 5-1（a）和（b）所示，试验前试件保存在环境箱中，在目标温度下，保温 4 小时，试验时垂直位移速率为 50mm/min，最大的峰值力即对应着层间的剪切强度。复合件剪切试验和附着力拉拔试验，见图 5-1（c）和图 5-1（d），试验温度均为 25℃。

（a）复合件剪切试验

（b）UTM-100试验机

（c）附着力拉拔试验

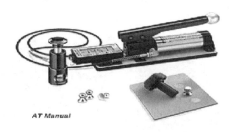
（d）附着力拉拔试验仪器

图 5-1　复合件试验方法

5.1.2　不同黏层油材料的影响

1. 试验方案与试件制备

半刚性基层养生完成后，沥青面层摊铺前通常需要洒布透层油，同时还起到粘贴抗裂土工布的效果。为了提高黏结效果，本节针对不同种类黏层油，采用复合件剪切、拉拔试验进行优选。黏层油主要包括：90 号沥青、改性沥青、以及乳化沥青等常用黏层油，其中 90 号沥青和改性沥青用量按照经验确定为 $1.2kg/m^2$，乳化沥青用量为 $1.0kg/m^2$。试件成型分为以下三种方案，成型过程如图 5-2 所示。

方案一：水稳碎石＋90 号沥青黏层油（$1.2kg/m^2$）＋抗裂土工布＋改性沥青（$1.2kg/m^2$）碎石下封层＋AC-25 下面层，其中 90 号沥青洒布温度为 135℃，碎石撒布率为约 80%。

方案二：水稳碎石＋改性沥青黏层油（$1.2kg/m^2$）＋抗裂土工布＋改性沥青（$1.2kg/m^2$）碎石下封层＋AC-25 下面层，其中改性沥青洒布温度为 185℃。

方案三：水稳碎石＋乳化沥青黏层油（$1.0kg/m^2$）＋抗裂土工布＋改性沥青（$1.2kg/m^2$）碎石下封层＋AC-25 下面层。

图 5-2 试件制作过程图示

试件制作过程发现,黏层油洒布到半刚性基层后,降温速率较快,导致黏度上升较快,因此抗裂土工布的粘贴必须几乎紧跟沥青洒布。如图 5-3 所示为采用红外测温仪开展的普通 90 号沥青黏层油的降温曲线,结果显示黏层油洒布后,70s 内温度从 130℃降低为 65℃,几乎以每秒 1℃的速率快速降温。因此建议现场实施时,选择气温较高的时间进行,比如当天中午。

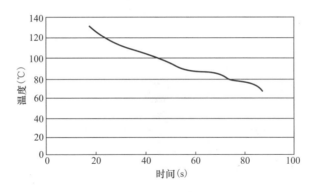

图 5-3　黏层油涂布后降温曲线

2. 试验结果分析

成型水稳沥青复合件过程中，研究发现采用普通热沥青与改性沥青黏层油的试件，由于黏层油温度下降较快，抗裂土工布贴上并滚压后，没有沥青透入到土工布表面的现象；而采用乳化沥青黏层油的，由于黏度较低，可以通过抗裂土工布内部的空隙上泛，并完成破乳，见图 5-4。

（a）乳化沥青　　　　（b）普通沥青　　　　（c）改性沥青

图 5-4　不同沥青黏层油上贴抗裂土工布的表面外观

对复合板进行钻取芯样后，本书开展了剪切试验。剪切试验的水稳基层＋沥青面层复合件见图 5-5，可见黏层油＋抗裂土工布＋下封层的界面复合体系厚度大约为 5mm。

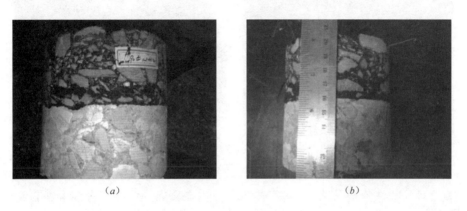

（a）　　　　　　　　　　　　（b）

图 5-5　剪切试验复合件

并针对采用不同黏层油材料的复合件剪切结果进行了数据分析,试验结果如表5-1和图5-6所示,剪切强度大小依此为改性沥青＞普通90号沥青＞乳化沥青。改性沥青由于具有较高的黏度,与基层的黏结强度相对普通沥青和乳化沥青都要高,而乳化沥青虽然具有较好的流动性和渗透性,但黏结强度则相对较低。

采用不同黏层油的复合件剪切试验结果（25℃）　　　表5-1

序号	黏层油名称	剪切强度（MPa）	破坏界面
方案一	普通沥青 1.2kg/m²	0.66	基层界面
方案二	改性沥青 1.2kg/m²	0.79	基层界面
方案三	乳化沥青 1.0kg/m²	0.54	基层界面

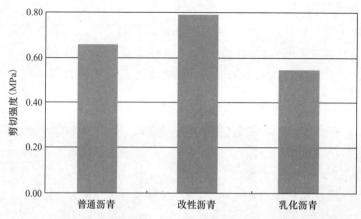

图5-6　采用不同黏层油品种的复合件剪切试验

试验完成后,本书对破坏的试件采用外力分开,发现破坏界面主要发生在黏层油与半刚性水稳基层之间,抗裂土工布与下封层几乎已经牢固地粘为一体,需要采用很大的外力撕扯开,见图5-7。因此在相同条件下,黏层油的黏结强度可能对混凝土复合件界面剪切强度具有重要影响。

（a）破坏界面

（b）土工布牢固粘在下封层底部

图5-7　剪切破坏后的试件

复合件拉拔试验结果见表5-2,破坏界面均在普通AC型沥青混合料自身,见图5-8,拉拔强度约0.5～0.6MPa,因此抗裂土工布界面的拉拔强度大于该值。

复合件拉拔强度（25℃）　　　　表5-2

序号	黏层油名称	拉拔强度（MPa）	破坏界面
方案一	普通沥青 1.2kg/m²	0.54	混合料自身
方案二	改性沥青 1.2kg/m²	0.57	混合料自身
方案三	乳化沥青 1.0kg/m²	0.52	混合料自身

 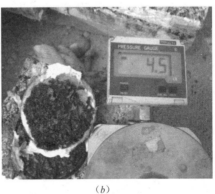

(a)　　　　　　　　　　　　　　(b)

图 5-8　拉拔试验图示

为了进一步验证界面沥青对水稳基层的黏结强度，本书进行了附着力拉拔试验（简称小拉拔），拉拔直径为 20mm，见图 5-9。试验结果如表 5-3 所示，显示改性沥青与水稳基层的拉拔黏结强度最高，约 0.84MPa，而乳化沥青则仍然最低，为 0.62MPa，结果基本验证了界面黏层油对水稳基层的拉拔强度与上述剪切强度试验结果的一致性。

(a) 拉拔试验　　　　　　　　　(b) 拉拔界面

图 5-9　附着力拉拔试件

附着力拉拔试验结果（25℃）　　　　表5-3

序号	黏层油	附着力拉拔强度（MPa）
方案一	普通沥青 1.2kg/m²	0.74
方案二	改性沥青 1.2kg/m²	0.84
方案三	乳化沥青 1.0kg/m²	0.62

由以上剪切和拉拔试验结果可得，应用改性沥青作为黏层油，抗裂土工布应力吸收层的层间黏结性能最好，而普通沥青剪切和拉拔强度稍低，但也足以满足包括重载交通状况下的实际荷载情况。另一方面，相同用量的改性沥青较普通沥青成本提高20%，因此综合考虑，应用普通沥青作为黏层油为优选方案。

5.1.3 不同普通沥青黏层油洒布量的影响

1. 试验方案

黏层油材料品种的选择无疑是关键，而其洒布量对界面性能毫无疑问也有一定程度的影响。本方案黏层油的作用主要有两个，一方面有利于一定程度的透入基层，粘贴抗裂土工布；同时还应一定程度透入土工布，与下封层沥青一起将土工布形成整体，避免抗裂土工布单独成为一个薄弱夹层，引起层间的不安全。

因此，研究基于90号沥青黏层油，针对不同洒布量开展复合件的黏结强度试验，通过观察抗裂土工布表面外观变化和强度试验结果，选择最佳的洒布量，为现场试验和工程实施提供依据。具体试验方案如下，其中下封层为改性沥青碎石封层，用量为$1.4kg/m^2$，洒布温度为180℃，碎石撒布量约为80%。

方案一：水稳碎石＋90号沥青黏层油（$1.0kg/m^2$）＋抗裂土工布＋改性沥青碎石下封层＋AC-25下面层；

方案二：水稳碎石＋90号沥青黏层油（$1.2kg/m^2$）＋抗裂土工布＋改性沥青碎石下封层＋AC-25下面层；

方案三：水稳碎石＋90号沥青黏层油（$1.4kg/m^2$）＋抗裂土工布＋改性沥青碎石下封层＋AC-25下面层。

2. 试验结果分析

成型不同黏层油用量的复合件后，进行钻取芯样，并开展剪切试验，针对采用不同黏层油材料的复合件剪切结果进行了数据分析。试验结果如表5-4和图5-10所示，通过不同用量的黏层油复合件剪切试验发现，剪切强度从大到小的黏层油用量依次为$1.2kg/m^2 > 1.4kg/m^2 > 1.0kg/m^2$，但总体相差不大；$1.0kg/m^2$的剪切强度为0.56MPa，$1.2kg/m^2$为0.66MPa，约15%的区别。

采用不同90号沥青黏层油用量的复合件剪切试验结果（25℃） 表5-4

序号	90号沥青黏层油用量	剪切强度（MPa）	破坏界面
方案一	$1.0kg/m^2$	0.56	基层界面
方案二	$1.2kg/m^2$	0.66	基层界面
方案三	$1.4kg/m^2$	0.58	基层界面

附着力拉拔试验结果见表5-5，破坏界面均在普通AC型沥青混合料自身，拉拔强度约0.5~0.6MPa，拉拔强度差异性不大，因此在选择黏层油洒布量时，以剪切强度结果为主要依据。

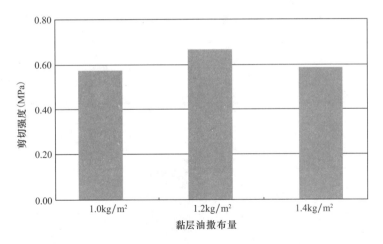

图 5-10 采用不同 90 号沥青黏层油用量的复合件剪切试验

附着力拉拔强度（25℃）　　　　　　　　　　　　　　　　表 5-5

序号	90 号沥青黏层油用量	拉拔强度（MPa）	破坏界面
方案一	1.0kg/m²	0.52	混合料自身
方案二	1.2kg/m²	0.54	混合料自身
方案三	1.4kg/m²	0.60	混合料自身

5.1.4 不同下封层沥青品种的影响

1. 试验方案

下封层采用同步沥青碎石封层，抗裂土工布施工完成后，可直接铺设在土工布上。黏层油对抗裂土工布应力吸收层体系的界面黏结性能有着至关重要的影响，而下封层是直接铺设在抗裂土工布上，因此也同样值得关注。

为了研究下封层材料品种对界面体系的剪切性能影响规律，本书基于 90 号普通沥青黏层油的方案，有针对性地开展了几种传统沥青下封层复合件的剪切强度试验研究，方案如下：

方案一：水稳碎石＋90 号沥青黏层油（1.2kg/m²）＋抗裂土工布＋改性沥青（1.4kg/m²）碎石下封层＋AC-25 下面层；

方案二：水稳碎石＋90 号沥青黏层油（1.2kg/m²）＋抗裂土工布＋普通沥青（1.4kg/m²）碎石下封层＋AC-25 下面层；

方案三：水稳碎石＋90 号沥青黏层油（1.2kg/m²）＋抗裂土工布＋乳化沥青（1.6kg/m²）碎石下封层＋AC-25 下面层。

2. 试验结果分析

对采用不同沥青下封层的复合车辙板进行了芯样钻取，并开展了剪切试验，对剪切结果进行了数据分析。试验结果如表 5-6 和图 5-11 所示，剪切强度从大到小的顺序依次为：改性沥青下封层＞普通沥青＞乳化沥青。其中改性沥青下封层复合件剪切强度达到 0.66MPa，而乳化沥青则为 0.4MPa，相对高 50% 以上，比普通沥青

采用不同下封层沥青的复合件剪切试验结果（25℃） 表5-6

序号	下封层沥青品种	剪切强度（MPa）	破坏界面
方案一	普通90号沥青	0.56	基层界面
方案二	改性沥青	0.66	基层界面
方案三	乳化沥青	0.40	基层界面

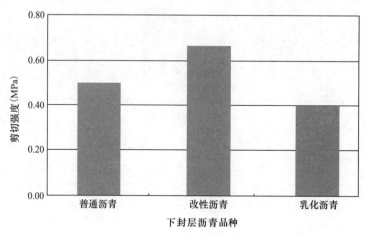

图5-11 采用不同下封层沥青的复合件剪切试验结果

高约30%。

这可能是由于两方面的原因：一方面，改性沥青黏结强度较一般沥青更高；另一方面，改性沥青洒布温度较高，达到约180℃，对抗裂土工布和黏层油有二次加热的作用，可能使黏层油起到更好的黏结效果。

附着力拉拔试验结果见表5-7，破坏界面均在普通AC型沥青混合料自身，拉拔强度约0.5～0.6MPa，但拉拔强度差异性不大。

附着力拉拔强度（25℃） 表5-7

序号	下封层沥青品种	拉拔强度（MPa）	破坏界面
方案一	普通90号沥青	0.52	混合料自身
方案二	改性沥青	0.53	混合料自身
方案三	乳化沥青	0.58	混合料自身

采用乳化沥青同步碎石封层的方案，由于乳化沥青具有良好的流动性和渗透性，而抗裂土工布内部有大量空隙，大部分乳化沥青下渗到抗裂土工布内部，导致破乳后抗裂土工布表面沥青膜厚度较薄，粘贴效果相对较差，见图5-12。

5.1.5 不同普通沥青下封层沥青用量的影响

1. 试验方案

通过上述试验结果来看，采用改性沥青黏层和改性沥青下封层的室内试验结果相对较好，采用普通沥青黏层和下封层则次之，而采用乳化沥青则相对最低一些。考虑到经济性，本书专门针对基于普通沥青黏层的热沥青下封层用量进行了试验，

 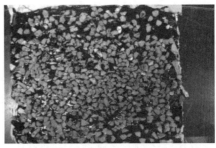

（a）乳化沥青　　　　　　　　（b）普通沥青

图 5-12　不同沥青下封层试件外观

以研究不同用量对界面性能是否有影响。方案如下：

方案一：水稳碎石＋90 号沥青黏层油（1.2kg/m²）＋抗裂土工布＋普通沥青（1.2kg/m²）碎石下封层＋AC-25 下面层。

方案二：水稳碎石＋90 号沥青黏层油（1.2kg/m²）＋抗裂土工布＋普通沥青（1.4kg/m²）碎石下封层＋AC-25 下面层。

方案三：水稳碎石＋90 号沥青黏层油（1.2kg/m²）＋抗裂土工布＋普通沥青（1.6kg/m²）碎石下封层＋AC-25 下面层。

2. 试验结果分析

进行钻取芯样后，在室内开展了剪切试验，并对剪切结果进行了数据分析。试验结果如表 5-8 和图 5-13 所示，不同用量的试件剪切强度大小依次为：1.6kg/m² ＞ 1.4kg/m² ＞ 1.2kg/m²，随着沥青用量的减小，界面剪切强度呈现减小的趋势。

普通沥青下封层不同沥青用量的复合件剪切试验结果（25℃）　　表 5-8

序号	下封层沥青用量	剪切强度（MPa）	破坏界面
方案一	1.2kg/m²	0.42	基层界面
方案二	1.4kg/m²	0.50	基层界面
方案三	1.6kg/m²	0.63	基层界面

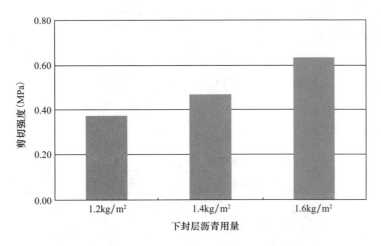

图 5-13　普通沥青下封层不同沥青用量的复合件剪切试验结果

根据经验，通常下封层沥青用量取 1.4～1.6kg/m²，而对于采用抗裂土工布应力吸收层的道路方案，应考虑抗裂土工布自身吸油，因此沥青用量宜相应有所偏高，才能取得较好的黏结效果。同时，提高下封层沥青用量，对黏层油的二次加热效果也更好一些，可以进一步提高半刚性基层与抗裂土工布层间粘贴的紧密性。

此外，本章对普通沥青下封层和改性沥青下封层试验结果进行了专门对比，结果见表 5-9，显示提高下封层普通沥青用量后，界面剪切强度与采用 1.4kg/m² 的改性沥青下封层相当，这可能是因沥青用量提高后，对抗裂土工布下的黏层油起到了更好的二次加热效果，从而进一步提高黏结效果。

不同沥青下封层方案优选对比　　　　表 5-9

序号	方案名称	剪切强度（MPa）
一	普通沥青黏层 1.2kg/m²＋改性沥青下封层 1.4kg/m²	0.66
二	普通沥青黏层 1.2kg/m²＋普通沥青下封层 1.6kg/m²	0.63

5.1.6　不同改性沥青下封层沥青用量的影响

1. 试验方案

改性沥青由于洒布温度相对较高，对抗裂土工布具有更好的渗透性和二次加热作用。为了进一步研究优化下封层同步沥青碎石的方案，课题针对改性沥青下封层进行专门的沥青用量试验对比，并且考虑了水稳基层洒布乳化沥青透层的工序。主要试验方案如下：

方案一：水稳碎石＋乳化沥青透层（0.6kg/m²）＋普通沥青黏层油（1.2kg/m²）＋抗裂土工布＋改性沥青（1.2kg/m²）碎石下封层＋AC-25 下面层。

方案二：水稳碎石＋乳化沥青透层（0.6kg/m²）＋普通沥青黏层油（1.2kg/m²）＋抗裂土工布＋改性沥青（1.4kg/m²）碎石下封层＋AC-25 下面层。

方案三：水稳碎石＋乳化沥青透层（0.6kg/m²）＋普通沥青黏层油（1.2kg/m²）＋抗裂土工布＋改性沥青（1.6kg/m²）碎石下封层＋AC-25 下面层。

2. 试验结果分析

在室内开展了剪切试验，并对剪切结果进行了数据分析。试验结果如表 5-10 和图 5-14 所示，不同用量的试件剪切强度大小依次为：1.4kg/m²＞1.2kg/m²＞1.6kg/m²，但三者差别不大，显示改性沥青用量对界面黏结强度影响并不太敏感。

改性沥青下封层不同沥青用量的复合件剪切试验结果（25℃）　　表 5-10

序号	下封层沥青用量	剪切强度（MPa）	破坏界面
方案一	1.2kg/m²	0.58	基层界面
方案二	1.4kg/m²	0.66	基层界面
方案三	1.6kg/m²	0.59	基层界面

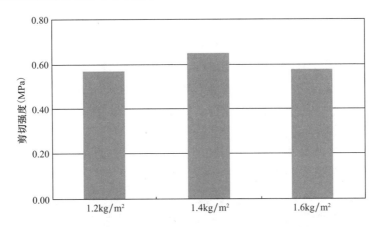

图 5-14 改性沥青下封层不同沥青用量的复合件剪切试验结果

根据经验，通常下封层沥青用量取 1.4～1.6kg/m²，而对于采用抗裂土工布应力吸收层的道路方案，应考虑黏层油用量以及抗裂土工布自身吸油的因素，因此沥青用量宜相应有所偏高，才能取得较好的黏结效果。同时，提高下封层沥青用量，一方面可以提高对抗裂土工布的渗透效果，另一方面也可以起到更好的应力吸收效果，从而更好地起到防止反射裂缝的效果。

5.1.7 典型条件下复合件抗拔性能影响规律

拉拔试验，根据 1984 年 A. E. Long 和 A. M. Murray 用金属圆盘黏结在材料表面拔出测试材料抗拉拔强度的方法。在进行测试之前，先把材料表面的杂物清除，并且确保金属圆盘和试件表面的紧密黏结，然后在混凝土中钻芯取样，钻芯的直径为 50mm。将试件放入 25℃的恒温箱保温使得环氧树脂硬化以后采用万能试验机加载仪器进行测试。

1. 试验设备

试验设备主要包括试件制作设备和测试设备。

（1）一个能通过金属管帽或者用环氧树脂黏结在修复混凝土表面的圆盘测量抗拉强度的测力计；

（2）直径 50mm 的底面制作光滑的金属管帽或者直径 50mm 带有可拔出螺纹的圆盘；

（3）能够取出内径为 50mm 圆盘核心的由硬质合金制作的电钻或金刚钻。

试验测试设备与软件控制界面如图 5-15 所示。

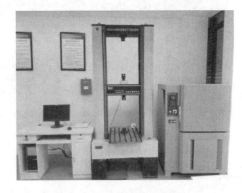

图 5-15 抗拔试验加载设备

2. 试件制备

根据典型工程沥青路面结构层特征，本节试验模型采用原设计结构。为模拟工程实际，采用轮碾成型仪分双层成型试件。首先采用轮碾成型仪成型水稳定碎石基层以及 AC-25C 车辙板试件，并按照标准养护方法进行养护备用，根据试验预设方案，成型面层，切割编号，水泥稳定碎石基板制备具体过程见图 5-16。拉拔试验采用标准试验方法测试复合试件结构层间粘贴强度。

（a）水稳材料拌和　　　　　　（b）四分法划分材料
（c）试模涂油　　　　　　　　（d）装材料
（e）试件成型　　　　　　　　（f）成型后试件

图 5-16　水稳基板的成型过程

水泥稳定碎石基板成型后，养生 7d 后将成型的试件放置于复合车辙板试模中，如图 5-17～图 5-19 所示，首先在基板顶面洒布透层油，然后洒布黏层油，并铺设抗

第 5 章 半刚性基层沥青路面抗裂土工布应力吸收层设计

图 5-17 黏结沥青洒布的精确控制

图 5-18 抗裂土工布的铺设

图 5-19 沥青涂抹及封层撒布方案

裂土工布，随后采用小型车轮适当碾压使土工布与基板紧密粘贴备用。为保证各种方案下沥青洒布量的均匀准确，同一种洒布量下，采用一半撒布同步碎石封层或者一半涂抹沥青的方案进行试验，加铺后切割试件备用，并进行编号，如图 5-20 所示。

成型不同方案的试件后，切割成为 10cm×10cm 小方块，然后采用钻芯机钻取直径为 50mm 芯样，钻芯过程中将其中一个结构层切断即可，再采用环氧树脂粘贴拉拔头，粘贴后效果如图 5-21 所示，并将试件放于恒温箱中保温（图 5-22）。

(a)

(b)

图 5-20　试件的编号

(a)

(b)

图 5-21　拉拔试验拉拔头的粘贴

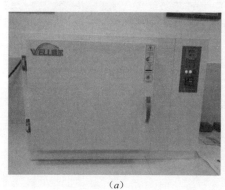
(a)

(b)

图 5-22　试件的保温

3. 试验过程

待万能试验机调试准备就绪后，将夹具安装到位，从保温箱中取出试件，将拉拔头顶部螺旋杆与拉拔器连接进行试验，试件安装与试验过程如图 5-23 所示。在试验过程中，在界面特征的影响下，特征曲线差异较大，通常情况下，铺设抗裂土工布的拉拔试验的位移量相对较大，不铺设抗裂土工布的试件位移量较小。

4. 试验结果与分析

根据试验内容与试验目的，预设抗裂土工布铺设于水稳基层顶面，并根据铺设方案、洒油量、是否撒布同步碎石封层、是否在土工布上表涂抹沥青等几种条件设置共计 5 种方案进行试验，每种方案制备 3 个测试试件，具体试验方案及编号特征见表 5-11。

图 5-23　试验过程

拉拔试验方案　　　　　　　　　　　　　　　　表 5-11

铺设位置	铺设方案	洒油量 (kg/m²)	是否撒布同步碎石封层	土工布上表是否涂抹沥青	试件编号
基层顶面	无抗裂土工布	1.2	撒布	—	WB-SF-①～③
			不撒布	—	WB-WF-①～③
	铺抗裂土工布	1.4	撒布	—	PB-SF-①～③
			不撒布	是	PB-WF-SL-①～③
				否	PB-WF-WL-①～③

注：根据材料方案进行编号，"PB"表示铺设抗裂土工布；"WB"表示不铺设抗裂土工布；"SF"表示撒布同步碎石封层；"WF"表示不撒布同步碎石封；"SL"表示抗裂土工布顶面洒布沥青黏层油；"WL"表示抗裂土工布顶面不洒布沥青黏层油；"①～③"表示试件编号。

采用拉拔试验机对各方案在 25℃下进行的拉拔试验结果如表 5-12 所示。

拉拔试验结果　　　　　　　　　　　　　　　　表 5-12

试验方案	最大力（N）				拉拔强度（MPa）	破坏界面
	①	②	③	均值		
WB-SF-1.2	536.67	529.32	512.45	526.15	0.268	结合界面
WB-WF-1.2	493.33	489.43	478.43	487.06	0.248	结合界面
PB-SF-1.2	360.83	348.91	399.82	369.85	0.188	基层顶面
PB-WF-SL-1.4	374.17	376.78	382.12	377.69	0.192	基层顶面
PB-WF-WL-1.4	400.00	412.64	423.73	412.12	0.210	基层顶面

从表 5-12 所示试验结果可知，铺设聚丙烯抗裂土工布后，对材料的拉拔强度有所影响。基层顶面未铺设抗裂土工布时，撒布封层对拉拔强度无明显影响，WB-SF 和 WB-WF 两种方案的拉拔强度分别为 0.268MPa 和 0.248MPa，二者相差 0.02MPa，而对于基层顶面铺设抗裂土工布的情形，不撒布同步碎石封层的 PB-WF 比撒布同步碎石封层 PB-SF 的拉拔强度略高，但是二者相差较小。拉拔试验中，大多数方案的土工布均被拔出，其中在土工布顶面洒黏层沥青的方案仅有两种方案未拔出土工布，这是因为土工布顶面洒沥青后，富余沥青较多形成薄弱面，导致土工布未被拔出。

5. 破坏形态

几种典型方案试件的破坏形态特征如图 5-24～图 5-26 所示。

(a)   (b)

图 5-24 基层顶面不铺土工布＋无封层（WB-WF）破坏形态

基层顶面不铺设抗裂土工布且不撒布同步碎石封层时，破坏界面恰好位于水稳与沥青层结构面，沥青层全部拔出，水稳基层被拔出部分颗粒，破坏面平整。

(a)   (b)

图 5-25 基层顶面不铺土工布＋有封层（WB-SF）破坏形态

基层顶面不铺设土工布，撒布同步碎石封层时，破坏截面不平整，该方案下的拉拔强度能够达到 0.25MPa 左右，其中水稳基层的部分颗粒被一并拉出。

(a)   (b)

图 5-26 基层顶面铺土工布＋有封层（PB-SF）破坏形态

土工布铺设于基层顶面时，抗裂土工布直接被拔出，土工布完整，该方案下的薄弱面位于土工布下方，抗裂土工布与沥青层的连接作用更强。

5.2 抗裂土工布应力吸收层设计流程与方法

反射裂缝处治措施一般包括材料方案和结构方案两类。材料方案类有：采用改性沥青、SMA、添加聚酯纤维等。结构方案类有：增加面层厚度、采用土工织物类作为夹层、设置应力吸收层等。聚丙烯抗裂土工布具有较好的抗酸碱腐蚀性，作为路面夹层能够起到加强、保护或改善面层底部应力状态，减少沥青面层以下基层裂缝拉应力向上传递的强度，可以起到减少或延缓反射裂缝的作用，是一种比较有效的措施。

5.2.1 基本要求

由于半刚性基层沥青路面抗裂土工布应力吸收层的特殊性，其设计过程中要考虑到使用要求、交通量、路面状况以及气候条件等因素，不仅要达到路面的规范要求，同时还要保证混合料具有较好的稳定性、均匀性等工艺要求。设计人员对有关设计理念的认识和把握非常重要，半刚性基层沥青路面抗裂土工布应力吸收层的设计负责人员及单位应具备一定的工程经验，能够充分针对其特殊性进行设计。

在选定路面结构设计方案前，应将不同防治路面反射裂缝措施的技术经济性情况进行比较，对是否有必要采用抗裂土工布应力吸收层预防路面反射裂缝的技术方案合理性综合论证。确定铺设聚丙烯抗裂土工布结构层措施后，应合理设计结构层和厚度，充分发挥抗裂土工布应力吸收层结构层功能。根据路面使用要求与当地的自然条件（包括气候、水文、地质等），结合当地实践经验，按结构层耐久、基层平整坚实等要求进行综合设计。

工程设计前，应首先开展使用条件调查、充分掌握工程的各类需求，初步明确相关工程材料在工程项目中的适应性。针对抗裂土工布应力吸收层路面结构工程中所用的沥青、集料、填料、聚丙烯抗裂土工布等材料，在满足国家有关规范要求的基础上，其材料技术指标可参考本书所列的有关要求。

在通过室内材料性能试验，各结构层材料的匹配性检验（主要包括层间黏结、抗剪强度试验等），确定所用材料和结构对路面的适用性后（设计单位在进行抗裂土工布应力吸收层路面结构设计时，应对拟选定的各种材料进行系统性能试验、工艺试验以及结构组合复合试件的剪切试验，并满足对结构设计的性能指标要求），再合理进行设计和工程应用。

本书所列主要结构和材料指标，主要针对高等级公路典型依托工程路面结构给出。对具体项目分析时，可参考本书提供的方法及思路进行具体设计。当采用其他路面结构类型时，应结合所具体工程应用的材料与结构进行专题试验研究，经过技术评审后方能实施。

5.2.2 设计流程

沥青路面设计一般包括如下内容：路面结构组合设计、结构层厚度设计及材料设计。其中，路面结构组合设计是路面设计的重要部分，其主要任务是设计者根据已有的工程经验、当地的地质、气候环境和所能提供的材料特性，遵循方便施工、利于养护的原则，合理组合适用于当地的路面结构形式；厚度设计的主要任务则是根据荷载、并考虑环境因素如水、温度及材料特性，分析计算路面结构的应力响应，确保在荷载、外部环境因素的共同作用下，路面结构有足够的强度，确定最经济的结构层厚度；材料设计是保证路面结构充分发挥其性能的关键，应在尽可能地选用当地筑路材料的前提下，考虑材料在路面结构设计使用年限内具有良好的使用性能为目的。

虽然有资料得出加铺土工合成材料可减薄路面厚度，但由于目前在这方面的研究还不深入，尚无可靠的数据支持这一结论，也没有相应的设计计算方法。因此，《公路土工合成材料应用技术规范》（JTG/T D32）规定：应用土工合成材料防治路面裂缝，路面结构形式及厚度不应因加铺了土工合成材料而改变。

在现行规范的基础上，根据本书研究成果，半刚性基层沥青路面抗裂土工布应力吸收层结构设计主要涉及两个方面：抗裂土工布应力吸收层布设层位和层间黏结设计。

抗裂土工布应力吸收层布设层位应保证应力吸收层具有合理的加铺层厚度，满足加铺夹层工作环境的要求。

抗裂土工布应力吸收层的层间黏结设计，是对夹层黏结材料选择及用量的设计，应满足加铺夹层界面剪应力标准的要求：选取第 4 章基层-面层层间结构面的力学响应分析结果，黏结层剪应力设计值 τ 不小于铺设层位剪应力 $[\tau]$ 与安全系数 K 的乘积，即：

$$\tau \geqslant K[\tau] \tag{5-1}$$

注：黏结层剪应力强度试验的环境温度标准为 25℃，剪应力设计值一般不宜小于 0.4MPa，安全系数一般不宜小于 3。

半刚性基层沥青路面抗裂土工布应力吸收层结构设计应按图 5-27 所示的流程进行，主要内容包括：

（1）收集并分析沿线的气候、水文、地质条件，交通量资料，岩土和其他筑路材料的来源、数量及物理力学性能试验资料等，确定设计交通量、交通等级、路面等级、设计年限等参数，初拟半刚性基层沥青路面结构组合及结构层厚度。

（2）针对初拟的路面结构方案，根据设计要求，选用设计指标，按照《公路沥青路面设计规范》（JTG D50）的有关规定，确定路面结构各层的材料性质要求和设计参数。

（3）按照《公路沥青路面设计规范》（JTG D50）的规定，对路面结构设计指标进行验算，验算结构应符合该规范的规定。若不符合时，应结合项目可采用的筑路

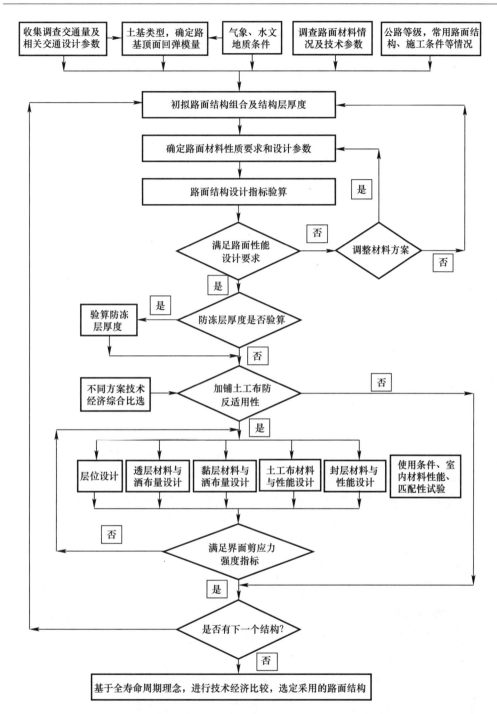

图 5-27 半刚性基层沥青路面抗裂土工布应力吸收层设计流程图

材料,调整路面结构方案并重新验算,直至符合规范的规定要求。

(4) 对于季节性冰冻地区应验算防冻厚度是否符合要求。

(5) 根据沿线气候、水文、工程要求、材料特性、施工条件等使用条件调查,确定加铺土工布结构和材料对路面的适用性,从技术经济指标的合理性,综合论证是否有必要加铺土工布应力吸收层。

（6）当经过方案比选，需采用加铺土工布应力吸收层时，应根据路面结构方案和当地实践经验，通过室内材料性能检验，各结构层材料的匹配性检验，初拟土工布应力吸收层布设层位及结构组合。

（7）对拟选定的各种结构层材料进行系统性能试验、工艺试验以及结构组合复合试件的剪切试验，并满足结构层剪应力强度指标要求。当不满足剪应力强度指标时，应调整土工布应力吸收层设计方案并重新验算，直至符合指标要求。

（8）对通过验算的路面结构进行技术经济分析，基于全寿命周期理念，综合比选确定半刚性基层沥青路面土工布应力吸收层路面结构方案。

5.2.3 典型结构设计方法

不同路面结构组合的力学特点、功能特性及长期衰变规律和损坏特点存在较大差异。路面结构组合的选择应充分考虑各种路面结构组合的材料特性、结构特性、主要损坏类型和性能衰变规律，同时考虑设计使用年限内需要采取的养护维修措施及其成本，在此基础上，优选全寿命周期经济合理的结构组合方案。

沥青路面由各个结构层组成，层与层之间的黏结尤为重要，特别是沥青面层之间，沥青面层与半刚性基层之间。尽管在路面结构设计计算中，采用连续体系模型，但实际上沥青面层之间，沥青面层与半刚性基层之间在使用过程中难以达到理想的连续状态，有时根本是分开、滑动的。路面的层间状态由连续变为滑动，层间的应力状态水平（拉应力、剪应力）会增加几倍，直接导致路面受力状态的改变，产生破坏，不利于沥青路面的长期使用性能。

半刚性基层沥青路面反射裂缝防治，路面结构形式及加铺层厚度不因加铺抗裂土工布应力吸收层而改变。半刚性基层沥青路面抗裂土工布应力吸收层典型结构组合主要包括：沥青混凝土面层、同步碎石封层、聚丙烯抗裂土工布结构层、热沥青黏层、乳化沥青透层、水泥稳定类半刚性基层等。典型结构层（仅为半刚性基层及以上结构层，半刚性基层以下结构层参考常规设计），如图5-28所示。

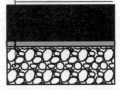

图5-28 抗裂土工布应力吸收层路面典型结构组合

（1）沥青混凝土面层。沥青混凝土面层应具有平整、密实、耐久的性能，并应具有较好的高温抗车辙、低温抗开裂，以及良好的抗水损害能力。本书典型结构采用密级配粗型沥青混合料AC（C型）。

（2）碎石封层。起到层间黏结、隔离、传递荷载、提高强度以及临时通行的作用。典型路面结构建议采用改性沥青同步碎石封层，建议沥青用量为：1.3～1.5kg/m²。

（3）抗裂土工布。为聚丙烯非织造土工布，可作为防反射裂缝结构功能层，该材料下部通过热沥青黏层油与下承层（半刚性基层）黏结，上部通过同步碎石封层与沥青混凝土面层相连。

（4）黏层。在路面结构中起到黏结作用的功能层。黏层沥青可采用乳化沥青、改性乳化沥青或热沥青。典型结构组合热沥青黏层油建议采用90号A级沥青，建议设计洒布量为：$1.1\sim1.3\text{kg/m}^2$。当采用其他结构形式或改用其他类型透层，应通过试验确定最终洒布量。

（5）透层。用于非沥青类材料层上，能透入表面一定深度，增强抗裂土工布应力吸收层结构层与半刚性基层有效黏结。典型路面结构中，采用乳化沥青透层，其建议洒布量为：$0.6\sim0.8\text{kg/m}^2$。当采用其他结构形式或改用其他类型透层，应通过试验确定最终洒布量。

（6）半刚性基层。半刚性基层应具有足够的承载力和抗疲劳开裂性能、足够的耐久性和水稳性。水泥稳定类半刚性基层应根据设计交通量、设计年限等因素，以沥青层底面容许拉应变（控制开裂）、路基顶面的容许压应变（控制路面结构永久变形）的指标进行设计。

室内试验表明，聚丙烯非织造土工布的玻璃化转变温度范围为−20℃～−10℃，当抗裂土工布处于−10℃以下温度时，易发生脆性破坏；根据不同温度下试样剪切强度平均值与试验温度的关系，沥青黏结层在高温时（尤其当材料所处环境温度超过35℃），黏度降低，剪切强度衰减较大，建议：土工布应力吸收层所在层位温度不低于−10℃、不高于35℃。抗裂土工布应力吸收层路面结构设计应结合当地相近路面结构层温度分布特征。在无条件时，可以通过气象数据预估拟铺层位的温度状况。高速公路、一级公路抗裂土工布应力吸收层顶面加铺厚度不宜小于10cm，其他等级公路厚度不宜小于7cm。

5.3 抗裂土工布应力吸收层材料设计参数与标准

5.3.1 沥青混凝土面层

1. 沥青

典型工程中，综合考虑路面面层在气候及交通量等诸多方面的要求，沥青上面层AC-13C建议采用SBR改性沥青（Ⅱ-A），沥青中面层及下面层采用90号A级重交通道路石油沥青。

用于半刚性基层沥青路面抗裂土工布应力吸收层结构层的聚合物改性沥青性能可参照表5-13规定的要求。

用于生产聚合物改性沥青的基质沥青应采用符合《公路沥青路面施工技术规范》[93]（JTG F40）中"A级"要求的道路石油沥青，可参照表5-14选用。

SBR 改性沥青技术指标及要求（Ⅱ-A）　　表 5-13

项目	单位	技术指标	试验方法
针入度（25℃，100g，5s）（0.1mm）	0.1mm	＞100	T 0604
针入度指数 PI，不小于	—	−1.0	T 0604
延度（5℃，5cm/min）不小于	cm	60	T 0605
软化点 $T_{R\&B}$，不小于	℃	45	T 0606
运动黏度 135℃，不大于	Pa·s	3	T 0625
闪点，不小于	℃	230	T 0611
溶解度，不小于	％	99	T 0607
弹性恢复 25℃，不小于	％	—	T 0662
黏韧性，不小于	N·m	5	T 0624
韧性，不小于	N·m	2.5	T 0624
储存稳定性			
离析，48h 软化点差，不大于	℃	—	T 0661
TFOT（或 RTFOT）后残留物			
质量变化，不大于	％	±1.0	T 0610
针入度比 25℃，不小于	％	50	T 0604
延度 5℃，不小于	cm	30	T 0605

A 级 90 号道路石油沥青技术指标及要求（2-3）　　表 5-14

项目	单位	技术指标	试验方法
针入度（25℃，100g，5s）（0.1mm）	0.1mm	80～100	T 0604
针入度指数 PI，不小于	—	−1.5～+1.0	T 0604
10℃延度，不小于	cm	20	T 0605
15℃延度，不小于	cm	100	T 0605
软化点（环球法），不小于	℃	44	T 0606
动力黏度 60℃，不小于	Pa·s	140	T 0620
蜡含量（蒸馏法），不大于	％	2.2	T 0615
闪点，不小于	℃	245	T 0611
溶解度（三氯乙烯），不小于	％	99.5	T 0607
密度（15℃）	g/cm³	实测记录	T 0603
质量变化，不大于	％	±0.8	T 0609
残留针入度比（25℃），不小于	％	57	T 0604
残留延度（10℃），不小于	cm	8	T 0605

2. 粗集料

粗集料应采用石质坚硬、耐磨、清洁、不含风化颗粒、近立方体颗粒的碎石，面层用粗集料性质可参照表 5-15 的要求选用。

当采用酸性石料作为粗集料时，且沥青与石料的粘附性或沥青混合料的水稳定性不符合要求时，应采取技术措施予以改善直至符合要求。

用于轧制集料的片石应不带风化层、不带泥土且强度符合要求。

除满足上述条件外，对粗集料需用清石灰水进行清洗，并在混合料中添加适量抗剥落剂。对上面层石料磨光值应作为重点控制指标，不满足要求的石料不得使用。

第5章 半刚性基层沥青路面抗裂土工布应力吸收层设计

沥青混合料粗集料技术要求　　　　　表5-15

技术指标		单位	高速、一级公路		其他等级公路	试验方法
			表面层	其他层次		
石料压碎值不大于		%	26	28	30	T 0316
洛杉矶磨耗损失不大于		%	28	30	35	T 0317
表观相对密度不小于		t/m³	2.60	2.50	2.45	T 0304
吸水率不大于		%	2.0	3.0	3.0	T 0304
坚固性不大于		%	12	12	—	T 0314
针片状颗粒含量（混合料）	不大于	%	15	18	20	T 0312
其中粒径大于 9.5mm	不大于	%	12	15	—	
其中粒径小于 9.5mm	不大于	%	18	20	—	
水洗法＜0.075mm 颗粒含量不大于		%	1	1	1	T 0310
软石含量不大于		%	3	5	5	T 0320

3. 细集料

细集料应洁净、干燥、无风化、无杂质，具有足够的强度、耐磨耗性、并具有合适的颗粒级配。其技术指标可参照典型工程中建议的表5-16的要求选用。

沥青混合料细集料技术要求　　　　　表5-16

项目	单位	高速、一级公路	其他等级公路	试验方法
表观相对密度，不小于	t/m³	2.50	2.45	T 0328
坚固性（＞0.3mm 部分），不小于	%	12	—	T 0340
含泥量（小于 0.075mm 的含量）不大于	%	3	5	T 0333
砂当量不小于	%	60	50	T 0334
亚甲蓝值不大于	g/kg	25	—	T 0346
棱角性（流动时间），不小于	s	30	—	T 0345

石屑控制指标可参照表5-17的要求。

石屑的控制指标　　　　　表5-17

石屑规格	0～2.36mm	0～4.75mm	2.36～4.75mm
0.075mm 通过率	≤15%	≤10%	≤5%
砂当量	≥60%	≥70%	≥80%

4. 矿粉

典型工程中，沥青混合料用矿粉必须采用石英岩或岩浆岩中的强基性岩石等憎水性石料经磨细得到的矿粉，原石料中的泥土杂质应除净。若采用水泥代替部分矿粉，其用量应控制在矿粉总量的2%左右。禁止使用回收粉。矿粉应干燥、洁净、能自由地从矿粉仓流出，其质量要求如表5-18所示。

矿粉技术要求　　　　　表5-18

技术指标	单位	高速、一级公路	其他等级公路	试验方法
表观相对密度，不小于	t/m³	2.50	2.45	T 0352
含水率，不大于	%	1	1	T 0103 烘干法

续表

技术指标		单位	高速、一级公路	其他等级公路	试验方法
粒度范围	<0.6mm	%	100	100	T 0351
	<0.15mm	%	90~100	90~100	
	<0.075mm	%	75~100	70~100	
亲水系数		—	<1	—	T 0353
塑性指数（%）		%	<4	—	T 0354
加热安定性			实测记录		T 0355
外观		—	无团粒结块		目测

5. 沥青混合料

（1）沥青混合料矿料级配范围参照《公路沥青路面施工技术规范》（JTG F40），列表如下。AC型沥青混合料的集料级配范围可参照表5-19的规定。

AC型沥青混合料集料级配范围 表5-19

级配类型		通过下列筛孔（mm）的质量百分率（%）											
		31.5	26.5	19	16	13.2	9.5	4.75	2.36	1.18	0.6	0.3	0.15	0.075
细粒式	AC-13C				100	90~100	68~85	38~68	24~40	15~38	10~28	7~20	5~15	4~8
中粒式	AC-16C			100	90~100	76~92	60~80	34~62	20~38	13~36	9~26	7~18	5~14	4~8
	AC-20C		100	90~100	78~92	62~80	50~72	26~56	16~44	12~33	8~24	5~17	4~13	3~7
粗粒式	AC-25C	100	90~100	75~90	65~83	57~76	45~65	24~52	16~42	12~33	8~24	5~17	4~13	3~7

注：本书沥青面层建议采用粗型密级配沥青混合料，当需采用其他级配类型沥青混合料时，可参照《公路沥青路面施工技术规范》（JTG F40）等规范，并需要对相关技术指标进行验证。

沥青混合料级配控制的关键性筛孔如表5-20所示。

沥青混合料矿料级配控制的关键性筛孔表 表5-20

级配类型	代号	用以分类的关键性筛孔（mm）	关键性筛孔通过率（%）
细粒式沥青混凝土	AC-13C	2.36	<40
中粒式沥青混凝土	AC-20C	2.36	<38
	AC-20C	4.75	<45
粗粒式沥青混凝土	AC-25C	4.75	<40

（2）沥青混凝土面层各层的设计目标空隙率为4%，范围为3%~5%，控制粉胶比在1.0~1.2，不得超过1.6。AC型沥青混合料马歇尔试验配合比设计应符合表5-21的规定，性能验证应符合表5-22或表5-23的规定。

AC型沥青混合料马歇尔试验配合比设计技术要求 表5-21

试验指标	单位	技术要求			
		AC-13C	AC-16C	AC-20C	AC-25C
击实次数（双面）	次	75			
试件尺寸	mm	φ101.6mm×63.5mm			

续表

试验指标		单位	技术要求			
			AC-13C	AC-16C	AC-20C	AC-25C
空隙率VV		%	4~5.5	4~5.5（表面层） 3~5（中下面层）		3~5
稳定度MS 不小于		kN	8			
流值FL		mm	1.5~4			
矿料间隙率VMA	设计空隙率（%）	—	—			
	3	%	—	≥12.5	≥12	≥11
	4	%	≥14	≥13.5	≥13	≥12
	5	%	≥15	≥14.5	≥14	≥13
	6	%	≥16	≥15.5	≥15	—
沥青饱和度VFA		%	65~75	65~75	65~75	55~70

注：1. 对空隙率大于5%的夏炎热区重载交通路段，施工时应至少提高压实度1%。
2. 当设计的空隙率不是整数时，由内插确定要求的VMA最小值。
3. 对改性沥青混合料，马歇尔试验的流值可适当放宽。
4. 本表针对2~3气候分区、重载交通条件给出。

（3）沥青混合料高低温、水稳性能技术指标要求如下：

AC型沥青混合料性能验证技术要求　　表5-22

试验项目	单位	技术要求				试验方法
		AC-13C	AC-16C	AC-20C	AC-25C	
车辙试验动稳定度	次/mm	≥800				T 0719
水稳定性：浸水马歇尔残留稳定度	%	≥80				T 0709
冻融劈裂残留强度比	%	≥75				T 0729
低温弯曲试验破坏应变	$\mu\varepsilon$	≥2000			—	T 0715

注：1. 本表针对2~3气候分区、湿润区条件给出。
2. 两个水稳定性试验中，冻融劈裂残留强度比为必检项目。
3. 公称粒径26.5mm的沥青混合料车辙试验，试件厚度应增加为80mm。

AC型改性沥青混合料性能验证技术要求　　表5-23

试验项目	单位	技术要求				试验方法
		AC-13C	AC-16C	AC-20C	AC-25C	
车辙试验动稳定度	次/mm	≥2400				T 0719
水稳定性：浸水马歇尔残留稳定度	%	≥85				T 0709
冻融劈裂试验残留强度比	%	≥80				T 0729
低温弯曲试验破坏应变	$\mu\varepsilon$	≥2500			—	T 0715

注：1. 本表针对2~3气候分区、湿润区条件给出。
2. 两个水稳定性试验中，冻融劈裂残留强度比为必检项目。
3. 公称粒径26.5mm的沥青混合料车辙试验，试件厚度应增加为80mm。

（4）沥青面层中应至少有1层为密水性能良好，其渗水系数应符合表5-24的要求。

沥青混合料结构层渗水系数指标　　　　　　表 5-24

混合料类型	公称粒径	渗水系数（mL/min）	合格率（％）	试验方法
密级配沥青混合料	≤19	120	90	T 0730
	≥26.5	200	80	

注：渗水系数的测定点应采用《公路路基路面现场测试规程》JTG E60[94]的方法随机选择。

5.3.2 碎石封层

封层采用改性沥青同步碎石封层，采用 4.75～9.5mm 单粒径碎石（宜经过拌合楼除尘后再使用），碎石满铺率宜控制在 60％～80％。粗集料应符合表 5-25 的要求。改性沥青同步碎石封层采用的改性沥青技术指标应满足表 5-13 要求。

粗集料技术要求　　　　　　表 5-25

试验项目	单位	技术要求	试验方法
压碎值	％	≤30	T 0316
针片状颗粒含量	％	≤20	T 0312
软石含量	％	≤5	T 0320
水洗法＜0.075mm 颗粒含量	％	≤2	T 0310

5.3.3 抗裂土工布

抗裂土工布采用聚丙烯非织造土工布，是半刚性基层沥青路面加铺结构层中的防裂功能层，应保证抗裂土工布完整性。

半刚性基层沥青路面所用聚丙烯抗裂土工布的技术要求可参照表 5-26 的要求选取。

聚丙烯抗裂土工布技术要求　　　　　　表 5-26

技术指标	单位	要求	试验方法
单位面积质量	g/m²	120～160	T 1111—2006
极限抗拉强度	kN/m	≥10.5	T 1121—2006
极限延伸率（纵、横向）	％	40～80	T 1121—2006
CBR 顶破强力（浸润沥青）	kN	≥2.0	T 1126—2006
刺破强力	N	≥400	T 1127—2006
吸油率	kg/m²	≥1.2	见附录

5.3.4 黏层（道路石油沥青）

黏层（道路石油沥青）用于抗裂土工布与半刚性基层间的黏结。

半刚性基层沥青路面抗裂土工布应力吸收层，建议使用 90 号 A 级道路石油沥青作为黏层油，建议用量为 1.1～1.3kg/m²，实际用量宜根据试验路试洒情况确定。其各项性能指标可参照表 5-14 规定的技术要求选取。经专题研究分析，并报建设单位同意，沥青的 PI 值、10℃延度可作为选择性指标。

5.3.5 透层

透层采用喷洒普通乳化沥青（PC-2）透层油，建议用量为 $0.6\sim0.8kg/m^2$，宜通过现场试洒确定。

用于透层的乳化沥青，可参照表 5-27 中的技术要求进行选取。

道路乳化沥青技术要求　　　表 5-27

试验项目		单位	品种及代号（PC-2）	试验方法
破乳速度		—	慢裂	T 0658
粒子电荷		—	阳离子（+）	T 0653
筛上残留物（1.18mm 筛），不大于		%	0.1	T 0652
黏度	恩格拉黏度计 E25	—	1~6	T 0622
	道路标准黏度计 C25, 3	S	8~20	T 0621
蒸发残留物	残留分含量，不小于	%	50	T 0651
	溶解度，不小于	%	97.5	T 0607
	针入度（25℃）	0.1mm	50~300	T 0604
	延度（15℃），不小于	cm	40	T 0605
与粗集料的粘附性，裹覆面积，不小于		—	2/3	T 0654
与粗、细粒式集料拌和试验		—	—	T 0659
水泥拌和试验的筛上剩余，不大于		%	—	T 0657
常温贮存稳定性：1d，不大于 5d，不大于		%	1 5	T 0655

注：黏度选用沥青标准黏度或恩格拉黏度之一测定。

5.3.6 半刚性基层

基层性能的变化对路面结构有着较大影响，优质的基层可提高路面的整体性能。为减少基层裂缝，应做到三个限制：在满足设计强度的基础上限制水泥用量；在减少含泥量的同时，限制细集料、粉料用量；根据施工时气候条件限制含水量。半刚性基层材料一般可按如下要求进行控制：

（1）半刚性基层宜选择骨架密实型结构。半刚性底基层混合料可根据工程实际情况选择骨架密实、悬浮密实型结构。

（2）半刚性基层混合料最大粒径宜为 31.5mm，且应采用 4 档以上不同规格的集料掺配拌和而成。

（3）半刚性基层混合料配合比设计应按照《公路路面基层施工技术细则》（JTG/T F20）的有关规定执行。

（4）水泥稳定类半刚性基层平整度允许偏差应不大于 8mm。

（5）水泥稳定类基层材料采用强度等级为 32.5 的矿渣、火山灰、粉煤灰或复合硅酸盐水泥，水泥剂量宜为 2.0%~4.5%，当达不到强度要求时应调整级配或更换原材料，水泥的最大剂量不宜超过5%。

基层采用骨架密实型水泥稳定碎石混合料，半刚性基层7d无侧限抗压强度标准值 R_d 应符合表5-28的要求，压实度（重型击实标准）≥98%。

水泥稳定半刚性基层7d无侧限抗压强度标准值 R_d[95]（MPa）　　　表5-28

公路等级	极重、特重交通	重交通	轻交通
高速公路和一级公路	5.0～7.0	4.0～6.0	3.0～5.0
二级及二级以下公路	4.0～6.0	3.0～5.0	2.0～4.0

注：1. 公路等级高或交通荷载等级高或结构安全性要求高时，推荐取上限强度标准。
　　2. 表中强度标准指的是7d龄期无侧限抗压强度的代表值。

半刚性基层材料中粗集料应符合表5-29和表5-30的要求。

半刚性基层材料中细集料应符合表5-31的要求。

半刚性基层中粗集料技术要求　　　表5-29

试验项目	单位	技术要求	试验方法
压碎值	%	≤26	T 0316
针片状颗粒含量	%	≤20	T 0312
软石含量	%	≤5	T 0320
水洗法＜0.075mm颗粒含量	%	≤2	T 0310

水泥稳定碎石基层集料级配　　　表5-30

筛孔尺寸（mm）	31.5	19	9.5	4.75	2.36	0.6	0.075
通过质量百分率（%）	100	68～86	38～58	22～32	16～28	8～15	0～3

半刚性基层中细集料技术要求　　　表5-31

试验项目	单位	技术要求	试验方法
水洗法＜0.075mm颗粒含量	%	≤15	T 0310
液限	%	≤28	T 0118—2007
砂当量	%	≥50	T 0334
塑性指数	—	＜6	T 0118—2007

水泥：初凝时间应大于3h，终凝时间应大于6h且小于10h，体积安定性、细度应符合《通用硅酸盐水泥》（GB 175）的有关规定。不得使用快硬水泥、早强水泥及受潮变质的水泥。

水：宜采用符合《混凝土用水标准》（JGJ 63）规定的拌合用水。

第6章　半刚性基层沥青路面抗裂土工布应力吸收层施工

良好的层间结构和材料设计是方案成功的基础,而项目质量最终都落在施工上。土工织物的不正确施工和使用会影响沥青路面的性能,诱发其他类型的破坏(如泛油、面层材料剥落、推移等)。为了确保抗裂土工布应力吸收层的施工能够取得较好的应用效果,施工过程中需要考虑设备、工艺、工序等多方面的问题。本章针对抗裂土工布应力吸收层特点,开展半刚性基层沥青路面抗裂土工布应力吸收层试验路的铺筑及研究,分析沥青路面抗裂土工布应力吸收层施工的主要影响因素,总结半刚性基层沥青路面抗裂土工布应力吸收层施工工艺、质量控制方法与标准、验收评定方法与标准等应用技术。

6.1　抗裂土工布应力吸收层施工的主要影响因素分析

6.1.1　试验路研究概况

试验路实施,一是验证室内的试验数据和结论,另一个是总结适合依托工程抗裂土工布应力吸收层施工的技术措施。其目的如下:

(1) 了解项目现场施工时,热沥青温度随时间变化的情况;
(2) 了解采用热沥青为黏结材料,抗裂土工布与基层的黏结效果;
(3) 为确定最佳的热沥青洒布量收集数据;
(4) 试验接缝搭接方式;
(5) 收集现场施工资料和数据,编制抗裂土工布应力吸收层施工方案。

在进行全面的现场半刚性基层沥青路面抗裂土工布应力吸收层施工实施前,为了明确施工工艺以及检测内容,结合初步室内研究成果,课题组进行了抗裂土工布应力吸收层试验段铺筑,如图6-1~图6-5所示。试验段的具体情况如下:

(1) 第一次。在项目二标水稳基层上进行抗裂土工布应力吸收层施工试验,试验段长度共300m。其中150m,按50m一段分别进行0.8kg/m² 乳化沥青透层油+0.9kg/m²、1.1kg/m²、1.3kg/m² 热沥青黏层+1.4kg/m² 改性乳化沥青碎石封层布量试验。其余150m,按50m一段分别进行0.8kg/m² 乳化沥青透层油+0.9kg/m²、1.1kg/m²、1.3kg/m² 热沥青黏层+1.4kg/m² 改性沥青碎石封层布量试验。

(2) 第二次。在项目二标进行了第二次试验路施工,试验段长度共计300m,洒

图 6-1 第一次试验段

布量结合室内研究结果，现场 200m 进行了 1.2kg/m² 纯热沥青黏层＋1.4kg/m² 改性沥青碎石封层施工和 100m 含 0.8kg/m² 乳化沥青透层油＋1.2kg/m² 热沥青黏层＋1.4kg/m² 改性沥青碎石封层施工。

 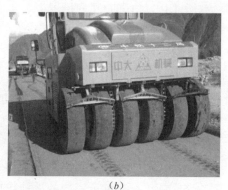

图 6-2 第二次试验段

（3）第三次。在项目一标进行了抗裂土工布应力吸收层铺设试验研究，试验段长 200m。本次试验段方案为：根据已有试验段成果，其中 100m，按 50m 一段分别进行 0.6kg/m²、0.8kg/m² 乳化沥青透层油＋1.2kg/m² 热沥青黏层＋1.3kg/m² 改性沥青碎石封层布量试验；其余 100m，按 50m 一段分别进行 0.6kg/m²、0.8kg/m² 乳化沥青透层油＋1.4kg/m² 热沥青黏层＋1.3kg/m² 改性沥青碎石封层布量试验。

图 6-3 第三次试验段

（4）第四次。在总结不同标段试验路成果基础上，于项目一标进行了抗裂土工布应力吸收层铺设第四次试验段，试验段长 1190m。采用 0.8kg/m² 乳化沥青透层油＋1.2kg/m² 热沥青黏层＋1.4kg/m² 改性沥青碎石封层布量试验。目的主要包括：检验初步设计方案中各项施工技术参数的合理性和有效性；讨论抗裂土工布应力吸收层验收方法和验收程序的准确性和可操作性；提出项目施工技术指导意见。

(a)

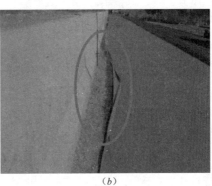
(b)

图 6-4　第四次试验段

（5）第五次。在项目一标进行了抗裂土工布应力吸收层铺设第五次试验段，试验段长度 600m。采用 0.8kg/m² 乳化沥青透层油＋1.2kg/m² 热沥青黏层＋1.4kg/m² 改性沥青碎石封层布量试验。目的主要包括：进一步验证已有各项施工技术参数的合理性和有效性；验证抗裂土工布应力吸收层验收方法和验收程序的合理性和可操作性；完善施工技术指导意见。

(a)

(b)

图 6-5　第五次试验段

6.1.2　试验路初步实施结果

1. 现场试验段

试验段实施过程中，对抗裂土工布应力吸收层实施效果进行检测，主要包括沥青洒布量、抗裂土工布铺设外观、搭接情况等。具体检测情况见表 6-1。

抗裂土工布应力吸收层试验段检测结果　　　　表 6-1

检查项目	检查结果				
	第一次试验段	第二次试验段	第三次试验段	第四次试验段	第五次试验段
干净整洁无轮迹	有污染、有轮迹	无轮迹	有污染、无轮迹	无污染、无轮迹	无污染、无轮迹
黏结无皱	有皱褶	搭接处有褶皱	搭接处有褶皱	部分搭接处有褶皱	无褶皱
平整无突起	有突起	有突起	无突起	无突起	无突起
线型直顺	线型弯曲	线型直顺	线型直顺	线型弯曲	线型直顺
无明显泛油或油污	有泛油	有油污	有泛油	有油污	有油污

(1) 第一次试验段

1) 试验段成果

① 本次试验主要以热沥青为黏结剂，从现场施工后的效果看，抗裂土工布摊铺后均能够与基层表面紧密的黏结在一起，最佳方案需结合现场检测以及室内的研究成果确定；

② 喷洒出来的热沥青温度受环境影响较大，室内试验数据表明热沥青喷洒后每秒下降约 1℃，现场的试验数据表明热沥青喷洒后每秒下降约 3～5℃；

③ 通过下面层施工，发现抗裂土工布上施工同步碎石封层后，没有出现因摊铺机及运输车辆行车而粘轮、起皱或推移的现象。

2) 试验段问题

① 抗裂土工布施工车辆轮胎粘沥青后，对已铺设的土工布形成了破坏，土工布表面轮迹明显，基层表面出现松散；

② 采用改性乳化沥青同步碎石封层的效果不太理想，由于乳化沥青自身的特点以及抗裂土工布吸水的特性等，抗裂土工布表面沥青含量较少，碎石和沥青的黏结力较弱；

③ 施工过程中出现褶皱现象。

沥青洒布车中热沥青温度为 130～145℃ 之间。通过对喷洒出来的热沥青每 10s 测量一次温度，发现温度下降速度非常快，温度随时间的下降趋势如图 6-6 所示。

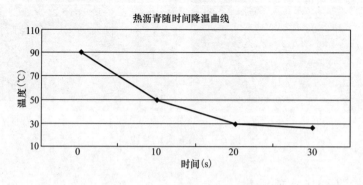

图 6-6　热沥青随时间降温曲线

(2) 第二次试验段

1) 试验段成果

① 透层油＋热沥青的使用效果比单纯使用热沥青要好；

② 抗裂土工布铺设后，需胶轮紧跟碾压，否则黏结不牢。

2）试验段问题

① 洒布车起步时，沥青洒布量很容易超出设计值；

② 抗裂土工布接缝处容易黏结不牢，容易出现边缘和接缝处未黏结现象；

③ 施工过程中出现褶皱现象。

(3) 第三次试验段

1）试验段成果

① 抗裂土工布摊铺机紧跟洒布车，压路机紧跟摊铺机能够取得较好的黏结效果；

② $0.6kg/m^2$ 和 $0.8kg/m^2$ 的乳化沥青洒布量、$1.4kg/m^2$ 和 $1.2kg/m^2$ 的热沥青洒布量从现场外观观察，没有明显的区别。

2）试验段问题

① 洒布车起步时，沥青洒布量很容易超出设计值；

② 洒布车洒布宽度和长度应明确，现场出现洒布车轮胎粘沥青破坏土工布的现象；

③ 铺设的土工布表面污染严重。

(4) 第四次试验段

1）试验段成果

① 控制好热沥青洒布量，能够取得较好的铺设效果；

② 加强现场管理，能够有效避免对铺设的土工布形成污染。

2）试验段问题

① 局部洒布量超标的情况仍有发生；

② 边缘部分存在未粘贴的现象；

③ 线型不直顺。

(5) 第五次试验段

1）试验段成果

① 现场划线标出洒布范围，有利于控制洒布宽度；

② 弯道施工，控制好线形能够取得较好的效果。

2）试验段问题

① 局部取芯坑洞未及时填补；

② 沥青洒布车起步时沥青洒布量不易控制。

2. 现场不良施工室内模拟分析

1）抗裂土工布褶皱对于层间黏结性能的影响

考虑抗裂土工布在现场大面积铺设过程中，由于基层表面存在碎石等杂物、施工人员熟练程度与水平，及受到铺设设备及技术的影响，抗裂土工布与基层表面很难粘贴的完全平整，难免会出现不同程度的褶皱。本节在室内成型具有不同程度褶皱抗裂土工布的复合试件，以模拟现场情况，研究抗裂土工布的摊铺贴合程度对于层间黏结性能的影响。

复合试件的结构与 5.1 节相同，从下至上为水稳基层＋透层＋黏层＋抗裂土工布＋碎石封层＋AC-25 下面层。在铺设抗裂土工布时，人工制作不同程度的褶皱，如图 6-7 所示，水稳基层试件表层铺设的抗裂土工布，左侧设置一道褶皱，右侧设置两道褶皱，铺设完成后，再均匀涂布改性沥青下封层和加铺 AC-25 沥青混合料，每种褶皱情况可钻取两个复合试件。

图 6-7 抗裂土工布铺设时的褶皱设置

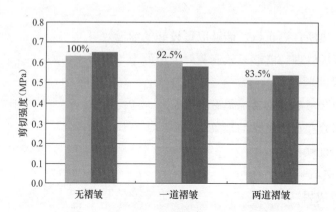

图 6-8 不同褶皱情况对剪切强度的影响

抗裂土工布不同褶皱情况剪切强度结果（单位：MPa） 表 6-2

褶皱情况	无褶皱	一道褶皱	两道褶皱
平行试验 1	0.636	0.604	0.515
平行试验 2	0.650	0.585	0.542
平均值	0.643	0.595	0.537

不同抗裂土工布褶皱情况复合试件的剪切强度如表 6-2 和图 6-8 所示。与无褶皱情况相比，抗裂土工布褶皱的存在会降低黏结层间的剪切强度，一道褶皱和两道褶皱的情况分别会使试件的平均剪切强度降低至原来的 92.5％和 83.5％。当在室内成型带有褶皱的复合试件时，由于试件面积较小，在抗裂土工布表面涂布改性沥青

下封层时，可以涂的较为均匀，包括褶皱两面都能沾满改性沥青。而在现场铺设抗裂土工布如果存在褶皱，其表面由机械洒布改性沥青黏层油，如果在洒布不均匀的地方存在褶皱，例如洒布机械边缘处，改性沥青喷洒不到褶皱下表面，此种情况可能会明显降低层间的剪切强度。因此在现场铺设抗裂土工布前，要注意基层表面的平整，清除碎石等杂物，提高施工人员技术水平，铺设过程中尽量将抗裂土工布铺设均匀、贴合紧密。在褶皱处，要保证褶皱的两面都有改性沥青下封层的涂布，尽量降低褶皱对于剪切强度的影响。

2）黏层油洒布温度对于层间黏结性能的影响

为模拟冬季低温施工过程中，黏层油喷洒在基层表面后温度会快速降低。为模拟这一过程，本节研究了黏层油洒布温度对于层间黏结性能的影响。复合试件的结构同样是从下至上为水稳基层＋透层＋黏层＋抗裂土工布＋碎石封层＋AC-25下面层。在水稳基层的表面，抗裂土工布分为两部分铺设，如图6-9所示。上半部分在均匀洒布黏层油后，立即铺设抗裂土工布，铺设前测得黏层油表面温度为100℃；下半部分在洒布黏层油之后，等待至冷却至室温后，再铺设抗裂土工布，铺设前测得黏层油表面温度为25℃，由于黏层油厚度较薄，从洒布到冷却至室温的过程只有5分钟左右。

表6-3和图6-10给出了不同黏层油洒布温度的复合试件剪切强度结果。可以看到对于黏层油洒布温度为100℃和25℃的两种情况，复合试件的剪切强度并无明显差异，甚至黏层油洒布温度为25℃时，剪切强度反而略高。主要原因是虽然在铺设抗裂土工布时黏层油温度冷却至室温，但是在抗裂土工布上表面洒布改性沥青碎石下封层和在其上加铺AC-25沥青混凝土下面层时，改性沥青和沥青混合料的温度较高，都在150℃左右，在成型过程中黏层油会被二次加热，增加水

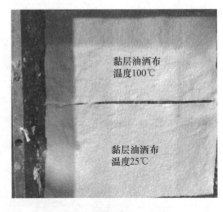

图6-9 不同黏层油洒布温度抗裂土工布的铺设

稳基层与抗裂土工布间的黏结性。因此在冬季施工过程中，由于改性沥青下封层和沥青混合料的二次加热作用，即使铺设抗裂土工布时黏层油温度不高，也不会明显影响层间的剪切强度。

不同黏层油温度剪切强度结果（单位：MPa） 表6-3

黏层油温度	100℃	25℃
平行试验1	0.636	0.650
平行试验2	0.650	0.675
平均值	0.643	0.663

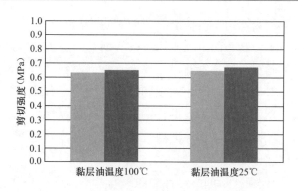

图 6-10　不同黏层油温度对剪切强度的影响

6.1.3　试验路实施总结

通过几次试验段的施工，项目研究结合现场施工的情况对施工技术要求进行不断地总结和完善，同时又指导抗裂土工布的施工水平不断改进。试验段的评分结果由开始的 29.1 分、43.3 分、77.9 分到 92 分、98.5 分。通过对几次试验段的评分数据可以看出，随着试验段的不断总结，施工工艺的不断完善，施工管理的不断加强，抗裂土工布应力吸收层的施工水平和施工质量也正得到不断的提高（图 6-11）！

图 6-11　不同阶段施工质量变化情况

通过几次试验段的实施，课题获得了较多的成果，具体如下：

(1) 施工前应仔细核实路面宽度，计算好使用的土工布宽度和幅数；

(2) 基层表面清扫后，灰尘、碎石等杂物含量较低，可以确保较好的黏结效果；

(3) 透层油＋热沥青黏层方案比单纯热沥青黏层油效果好；

(4) 透层油须提前一天喷洒，否则施工车辆易粘轮；

(5) 热沥青洒布量需要严格控制，否则易泛油；

(6) 热沥青洒布时不宜过宽，否则也易致沥青粘轮，对土工布铺面形成破坏，须避免；

(7) 抗裂土工布纵向平接缝处理时，间隙不宜过大，否则易致沥青粘轮，破坏抗裂土工布铺面；

(8) 热沥青洒布量需要严格控制，热沥青洒布车起步时是关键；热沥青洒布车起步时洒布量不易控制，易超量洒布形成泛油；

(9) 受基层表面粗糙程度不一影响，$1.2kg/m^2$ 和 $1.4kg/m^2$ 的黏层油用量在剪切强度方面差异不明显；

(10) 现场热沥青洒布时，温度随时间的下降趋势非常明显，初期每秒约降 3～5℃；施工过程中，热沥青洒布车、抗裂土工布摊铺机和胶轮压路机应紧密配合，保持适当的距离，尽量在温度较高状况下铺设和碾压；

(11) 施工车辆长时间停在土工布铺面，易导致黏层油透到土工布表面；

(12) 改性沥青同步碎石封层效果优于改性乳化沥青同步碎石封层。

6.2 抗裂土工布应力吸收层施工工艺

抗裂土工布应力吸收层的施工应体现机械化、智能化、规范化、精细化的特点。在前期的准备阶段，应综合考虑抗裂土工布应力吸收层施工的特点、难点，采用机械化程度、智能化程度、控制精度高的先进设备，减少人员、设备对施工质量的影响。在施工工艺、工序上，应按施工规范、设计文件等要求进行，从严要求、从细管理。

抗裂土工布应力吸收层的施工是一个综合性工程，涉及基层、透层、封层和面层等多个层位。施工组织的多样性、技术的特殊性、管理协调的复杂性不容忽视。应重视事前施工技术方案的制定和交底、施工组织方案编制和审查；同时，应加强事中、事后对技术方案和施工组织方案的调整、总结、优化。

为了确保施工质量，使抗裂土工布能够较好发挥抗裂的使用效果，抗裂土工布应力吸收层施工工艺说明如下。

6.2.1 抗裂土工布应力吸收层施工工序

为确保抗裂土工布应力吸收层的施工质量达到预期效果，必须按照既定的施工工序进行施工，工序见图 6-12。

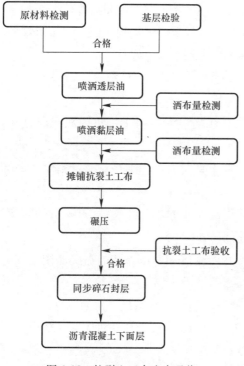

图 6-12 抗裂土工布应力吸收层的施工工序示意图

施工前,应首先对抗裂土工布应力吸收层施工相关的各种原材料进行质量抽检,确保所有材料符合设计文件要求及相应规范。

应对计划铺筑抗裂土工布应力吸收层的半刚性基层进行检查验收,对不符合要求的部位应进行处理,直到满足要求为止。

透层油施工,应重点关注透层油洒布量指标,加强抽检频率。施工完成后,应封闭交通,进行交通管制。

透层油破乳后,进行抗裂土工布应力吸收层黏层油施工,必须严格控制黏层油洒布量指标在合格范围内。施工前,应提高操作人员的技术水平;施工期,应加强黏层油洒布量抽检。

抗裂土工布摊铺车应紧跟黏层油洒布车前行,宜保持间隔控制在 5m 以内,避免黏层油洒布后冷却过快,影响抗裂土工布的黏结效果。

抗裂土工布铺设时,用于碾压的胶轮压路机应紧跟抗裂土工布摊铺机,随时摊铺、随时碾压。摊铺结束时,使用胶轮压路机重复碾压 1~2 遍,以提高黏层油与抗裂土工布的黏结效果。

抗裂土工布摊铺结束后,应组织相关单位进行质量验收。质量合格后方可进行同步碎石封层及下面层的施工;质量不合格时,则进行缺陷的处理、修复或返工,然后再进行质量检验评定,直至满足要求。

6.2.2 材料验收与存放

抗裂土工布应力吸收层施工相关的原材料进场时,需提供相应的合格证明,确保材料质量。抗裂土工布及相关产品的取样、试样准备和主要物理、力学等性能测试方法应符合规范。验收合格的原材料,需按要求存放在规定的场所。

(1) 材料验收

施工单位采购的抗裂土工布材料进场时,须提供每批次的自检合格证书以及该产品的检测合格报告。在运输过程中(包括从材料储存地到工作地的运输),抗裂土工布须避免受到损坏,受到物理损坏的部分须剪除,受损严重的抗裂土工布不能使用。任何接触到化学试剂的抗裂土工布,不允许使用在工程上。根据工程情况和施工条件,确定抗裂土工布的长度、宽幅,施工前应做好裁剪和连接准备工作。

应严格按照设计和规范质量技术要求控制路面原材料的品质,各层路面的集料宜采用同一料源,同一种生产工艺,保证各项质量技术指标的稳定性。碎石应选用反击式或锤式破碎机进行加工。粗集料应表面粗糙、形状接近立方体。应严格控制粗集料的含泥量和细集料中小于 0.075mm 颗粒的含量。

透层油一般为乳化沥青,采购成品时,须提供本批次乳化沥青的自检合格报告,并经现场取样检测合格后方可入库;如施工企业自行现场生产,应首先进行透层油试生产,产品经外委送检并取得合格证书后,方可进行大批量生产。

黏层油进场时,须提供本批次黏层油的自检报告,并经现场取样检测合格后,方可入库。

(2) 材料抽检频率

抗裂土工布应逐批进行抽检,当单批产品超过 5 万 m^2 时,按每 5 万 m^2 一个批次抽检。当材料质量出现异常情况,检测频率应加倍,并直至质量稳定为止。

对每批沥青、改性沥青在进场时和使用过程中至少各抽查一次,应满足设计和规范要求。

透层油的抽检频率,沥青加工厂集中生产后运送到现场的按批次或吨数进行抽样送检,施工企业现场加工的按生产批次进行抽样送检。

黏层油使用前须进行抽样送检,检测频率按加工批次进行取样送检。

(3) 材料存放注意事项

抗裂土工布进场后,应存放在指定在通风遮光的场所内,避免风吹、雨淋、日晒以及紫外线照射等容易造成抗裂土工布老化的情况。在储存过程中,要保持包装和标签的完整。

对于沥青类材料应按出厂说明和规范要求进行储藏,矿料应按规范要求进行堆放,加强堆料场管理,料场应硬化,粗集料要覆盖,细集料和矿粉要搭棚防雨。

乳化沥青透层油应储存在专用沥青储存罐中,储存罐中应配有搅拌装置,防止乳化沥青出现离析现象,影响产品质量。乳化沥青透层油储存天数不宜过长,一般不超过 5 天,长时间储存的乳化沥青使用前须进行取样检测,合格后方可使用。

黏层油沥青的存放参照一般道路石油沥青的存放要求进行。

6.2.3 半刚性基层的质量控制

抗裂土工布的施工需要基层表面干净、平整、密实,因此抗裂土工布应力吸收层施工前,应确认计划铺设抗裂土工布的基层满足施工的条件,基层表面应干燥、平整、洁净,无污染、杂物等。

(1) 基层的清理

在抗裂土工布施工前 1~2 天内,应清理基层顶面,包括基层养生期间的覆盖物。采用人力结合森林灭火器、强力吹风机等清洁工具将基层表面清扫干净,保证基层表面干燥、清洁,无尘土、碎石和污物等,如图 6-13 所示,并要求将路面上尖锐的部分予以铲除,确保基层平整、坚实。

(2) 基层的检验

在洒布透层油前,应进行半刚性水稳基层的检验工作,施工单位组织人员对抗裂土工布应力吸收层施工的基层工作面进行检查验收,如清扫后基层满足施工要求,则按施工程序办理转序手续;如基层不能满足抗裂土工布应力吸收层施工要求,则不得进行施工。

(a)

(b)

图 6-13 基层清扫

检验包括:在路边标明裂缝位置,统计裂缝数量和总长度;要求基层表面完好、无破损,平整度应满足规范要求,对基层取芯产生的坑洞应提前进行处理;因下雨或洒水导致基层表面存在的潮湿、水迹等需风干或吹干。

基层结构有较大的裂缝、坑或破损时,应该进行修补填平。对处理后的基层再进行检查验收,达到铺设抗裂土工布的条件方可进行下一道工序。

(3) 基层缺陷处理

清扫基层:对裂缝或坑槽两侧各 1m 范围进行清扫、吹尘,路面应保持干燥,没有杂物、尘土和碎石,并用大功率吹风机吹除裂缝内灰尘,并清除坑洞内的杂物、污水等。

裂缝处理:小于等于 5mm 的裂缝应灌乳化沥青,大于 5mm 的裂缝应灌热沥青;在裂缝两侧各 0.75m 范围内,按 0.5kg/m² 沥青用量喷洒透层乳化沥青。

坑槽处理:对于半刚性水稳基层钻芯取样留下的坑洞,现场拌制低强度水泥混凝土进行填充并夯实,保持填充表面与基层表面齐平;对于半刚性水稳基层开放交通后引起的坑槽,视坑槽的深浅及面积情况而定,面积小于 50cm² 且深度 2.5cm 以内的不作处理;面积不小于 50cm²,深度 2.5cm 以上的进行深挖,确保深度不小于 10cm 并凿毛四壁;现场拌制低强度水泥混凝土进行填充并夯实,保持填充表面与基层表面齐平;对处理后的坑槽应采用土工布进行覆盖并洒水养生,直到水泥混凝土初期强度形成。

6.2.4 透层油施工

半刚性基层检查合格后,可喷洒乳化沥青透层油,具体用量宜结合现场试验段确定。考虑到乳化沥青透层油喷洒到路面会沿横坡流淌,为避免洒布车轮胎粘沥青,宜从低往高喷洒。施工车辆宜采用智能型沥青洒布车,喷洒宽度 3~6m。车辆行驶和喷洒透层油施工顺序见图 6-14。

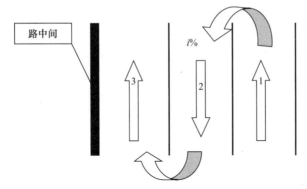

图 6-14 乳化沥青透层油施工顺序
1—第一幅;2—第二幅;3—第三幅

用于基层透层油的乳化沥青,需经检验合格后方可应用,检测指标参照《公路沥青路面施工技术规范》(JTG F40)要求。

施工前,提前对乳化沥青洒布车喷嘴、油泵循环系统等进行检查,通过调整油泵压力、行车速度等方式对洒布车的洒布量进行标定。现场施工时应安排人员对洒布量进行检测,确保用量符合设计要求,如有偏差应及时进行调整。

乳化沥青喷洒完成后,应做好防污染措施,同时禁止车辆行驶,如图 6-15 所示。为降低乳化沥青破乳后的黏性,基层宜在喷洒透层油后的第二天再进行热沥青黏层油喷洒和抗裂土工布的摊铺,以降低热沥青洒布车轮胎对基层表面的破坏。

对于基层表面因粘轮带起的颗粒,应安排人员及时清理,避免影响抗裂土工布的铺设效果。

透层油施工前,施工单位应提前做好施工组织方案,对透层油质量、喷洒的单位量、洒布均匀情况、养生条件等可能影响抗裂土工布施工质量的因素进行总结,并组织相关人员进行技术交底,确保施工方案能够得到有效落实。

图 6-15 透层油洒布后应封闭交通

6.2.5 黏层油施工

抗裂作为基层与抗裂土工布之间黏结剂使用的热沥青,其质量应满足规范和设计文件的要求,具体检测指标参照《公路沥青路面施工技术规范》(JTG F40)要求。

热沥青黏层油的施工由抗裂土工布应力吸收层施工承包单位负责。施工前,提前对热沥青洒布车喷嘴、温度显示设备、油泵循环系统等进行检查,通过调整油泵压力、行车速度对洒布车的洒布量进行标定,现场施工时也应安排人员对洒布量进行检测,确保用量符合要求,如有偏差应及时进行调整。

当黏层油采用热喷道路石油沥青或热喷改性沥青时,由于聚丙烯抗裂土工布的熔点约为165℃左右,因此应通过试验论证严格控制洒布温度:

(1) 对于道路石油沥青,为了提高沥青的渗透性,防止温度下降过快影响抗裂土工布的粘贴效果,同时避免基质沥青温度过高产生老化,洒布车内沥青温度宜控制在145～155℃,洒布量控制在 1.1～1.3kg/m²;

(2) 对于改性沥青,考虑到聚丙烯抗裂土工布受到高温冲击时,会有一定熔化反应,因此建议洒布车内沥青温度宜控制在 170～180℃,洒布量控制在 1.1～1.3kg/m²。

热沥青黏层油洒布时,洒布宽度宜略宽于抗裂土工布两边各 5±1cm 长度,确保抗裂土工布铺设时能够较好地与基层表面黏结。

由于热沥青洒布量多少与沥青洒布车车速有关,因此在沥青洒布车启动初期,应有一个加速距离,待沥青洒布车车速起来之后,再启动沥青洒布开关开始喷洒。具体示意图如下:

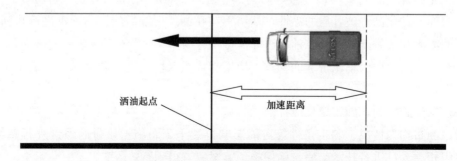

图 6-16 黏层油洒布车起步洒油示意图

黏层油洒布时,还需要考虑纵向搭接的问题。要求热沥青洒布车喷洒热沥青时尽量避免与相邻车道的沥青带重叠,避免相邻部分沥青洒布量过高,导致以后产生泛油现象。

对于热沥青喷洒过量的地方,安排施工人员进行刮除,避免由于局部沥青过量导致沥青透到抗裂土工布表面,引起施工车辆粘轮等问题。

车辆行驶和喷洒黏层油施工顺序可参照透层油施工进行。

6.2.6 抗裂土工布的摊铺与碾压施工

抗裂土工布的大面积铺设对施工工艺的要求较高,建议由具有工程经验的专业施工队伍进行施工。

(1) 摊铺抗裂土工布

抗裂土工布铺设前，施工单位首先需要对计划施工的段落进行现场调查，了解路面宽度、弯道、大纵坡等情况，并根据调查的信息制订施工计划（包括铺设几幅、如何搭接、弯道的铺设方案等），上报到监理单位。

考虑到热沥青黏层油喷洒过程中，温度下降速度非常快，因此需要在喷洒出来的热沥青还处于较高温度状态下马上铺设抗裂土工布。抗裂土工布的施工应采用专业摊铺机械（铺筑抗裂土工布时宜对其进行预拉。由于土工布属柔性材料，采用人工摊铺往往容易产生褶皱，进而影响工程的施工质量和工期，宜采用摊铺宽度可调节的抗裂土工布摊铺设备），且热沥青洒布车与抗裂土工布摊铺机应相互配合，速度相近，确保抗裂土工布摊铺机与热沥青洒布车间隔控制在 5m 之内，铺设的抗裂土工布应平整无褶皱。

抗裂土工布的摊铺宽度依据设计文件中下面层宽度而定。

(2) 抗裂土工布的搭接

抗裂土工布单卷宽度 3~5m，因此，实际工程中常存在着纵向拼接的问题，如图 6-17 所示。抗裂土工布的铺设宜采用平接方式，横向搭接时中间间隙应控制在 1cm 以内，纵向搭接时中间间隙应控制在 3cm 以内。当以重叠方式搭接，重叠部分不宜过宽，宜控制在 5cm 以内，以免搭接处夹层变厚，而使底面与上面结构层结合力减弱，导致上面结构层起鼓、脱离、位移。根据摊铺方向，将后一端压在前一端部之下，搭接处多出部分用专用工具割除，未黏结部分割除或采用 SBS 改性乳化沥青、热沥青等材料黏结。

(a) 横向拼接　　　　　　　(b) 纵向拼接

图 6-17　抗裂土工布连接

抗裂土工布在横向拼接时宜错开不小于 5m 的距离，避免拼接缝在同一断面发生。横向接缝的搭接方式同纵向接缝。

当横向搭接位置发生在弯道上时，应综合考虑横纵向接缝的处理方式，确保铺面平整、顺直，减少褶皱的现象，同时尽量减少弯道位置横向接缝的数量，避免弯道位置的铺面过于零碎，埋下质量隐患。

(3) 抗裂土工布的碾压

抗裂土工布的碾压宜采用自重不小于 25t 的胶轮压路机及橡胶锤等小型压实设备。

施工前做好胶轮压路机的检查清理工作，杜绝存在漏油现象，同时清理压路机的轮胎，去除油污、泥土等污染源，避免对抗裂土工布形成污染。

抗裂土工布摊铺过程中，为保证土工布与基层黏结紧密，需采用胶轮压路机械紧跟抗裂土工布摊铺机进行静压 1~2 遍，碾压速度依据抗裂土工布摊铺机而定，与摊铺机保持 5m 以内的距离，每次碾压重叠 1/2~1/3 宽度，硬路肩和中分带边缘处以及施工的起、终点处、接缝处需要重点关注，不得漏压。碾压过程中压路机不得急刹、转弯、调头等，确保抗裂土工布表面平整。

对于接缝位置和边缘位置，应仔细检查，黏结不牢部位应采用人工修补，并用小型压实设备压实。

抗裂土工布摊铺后，在沥青黏层油未冷却至常温时，任何非施工车辆或行人不得进入，施工运输车辆不得在抗裂土工布上急刹或转弯。抗裂土工布施工完成后，宜尽快在其上进行同步碎石封层和沥青混合料下面层施工，以避免抗裂土工布受到破坏。如遇到下雨天气应立即停止施工并用薄膜覆盖抗裂土工布，如抗裂土工布已经受潮，需待晴朗天气，晒干或风干后再进行下一道工序。

(4) 抗裂土工布摊铺的缺陷处理与验收

对于施工过程中存在的缺陷必须进行处理，处理原则如下：

① 抗裂土工布铺设过程中产生的褶皱，长度大于 20cm，宽度大于 1cm 应切开褶皱部分，整平后用 SBS 改性乳化沥青或热沥青黏结处理。

② 因车辆轮胎粘沥青引起铺面起皮的位置，使用专用工具沿轮迹割除起皮部分的抗裂土工布，并清理起皮部分的基层表面砂石。清理后的基层表面重新铺设抗裂土工布，并应确保铺设质量。

③ 热沥青洒布量超出范围段落，需将不合格部分的抗裂土工布割除，范围大小以比问题段落尺寸宽 10cm 为宜。清理后的基层表面重新铺设抗裂土工布，并应确保铺设质量。

抗裂土工布铺设完成，由施工单位自检合格后提出验收申请，监理单位组织人员依据相关验收程序对完工后的抗裂土工布铺设质量进行验收。验收合格，则按程序进行转序，进行下一道工序；验收不合格，则按要求对问题进行整改，整改完成后重新申请验收，直到合格。

6.2.7 同步碎石封层施工

(1) 设备及人员的选择

施工洒布设备宜采用智能型沥青碎石同步洒布车。施工碾压设备宜采用 25t 以上胶轮压路机。在同步碎石封层车的使用上，该项技术对操作手的要求较高，操作人员必须懂得机械的工作原理，同时操作要相当熟练。

(2) 施工准备

确定施工幅宽。根据路面的宽度及施工设备性能，合理确定碎石封层的施工幅数及每幅施工宽度。同时，选定标尺，确定参照物边界，使司机能够按照参照物行走，这样既能保持封层的线形，又可以保证在下一幅施工时前后两幅的顺利接缝。确定施工幅宽时，应尽量减少施工幅数，以减少纵接缝的数量。

备料。根据工程量大小及工程进展情况分批备料，且每批石料不得混杂堆放。施工前对石料进行筛分，以防止超粒径的石料堵塞卸料孔。如石料粉尘超标，则要事先清洗、烘干，以保证石料的清洁、干燥。

交通管制。提前封闭施工路段交通、设置安全牌、指标牌及限速牌等交通标志。

(3) 铺筑试验路

选择适当的路段作为试验路段，长度一般应大于100m。

根据交通量、气候条件、集料情况与封层用途等确定单位面积的沥青洒布量与石料撒布量，以确保石料埋入深度（沥青爬高高度）与石料覆盖率。根据设计参数和原定的各项技术要求，如：沥青洒布量、碎石撒布量、喷洒管高度、碎石撒布高度、各个阀门的开度、温度控制、同步碎石车的行驶速度及配套机具、机械的配合情况等进行试验段的铺筑。

通过试验段的铺筑与调整，确定上述各项参数、技术要求与各种机械设备的整合效果，进行规范、有序的施工。试铺段施工结束后，应通过现场目测和相应技术指标的检测，使各项技术指标符合规定，施工单位应提出试铺总结。

(4) 施工工艺

沥青注入洒布车罐内时的温度控制在要求的加热温度之间，温度不在规定范围不得装车；到达施工现场，调整好喷头高度和洒布宽度，将沥青从罐体到喷洒管道至罐体循环10分钟，检查各喷头；将开始时管道及喷头内的较低温度的沥青喷到配置的专用油槽内，使喷头与罐体沥青温度一致，待所有喷头形成统一的扇形面后，才能正式洒布沥青，以保证沥青喷洒质量。在摊铺过程中，随时调整左右喷洒杆，保证接缝的完整性。洒布时应符合下列要求：

封层车要行驶平稳、匀速；洒布时行走路线应顺直平稳，基本保证匀速前进，不得时快时慢。

沥青加热温度可控制在175～185℃，喷洒数量取1.3～1.5kg/m²，应结合具体试验段数据确定。

集料必须经过拌和楼加热除尘进行预裹覆处理，预裹覆油石比为0.3%～0.4%。集料与沥青同时撒布，数量按（5～7）m³/1000m²计，满铺率在60%～80%左右，集料撒布全部在沥青未凝固之前完成。

横缝的处理。在施工初始前的新旧路面及前后两车喷洒时产生的接缝应搭接良好。横缝可采用对接法处理。在每段接缝处，用铁板或油毡纸横铺在本段起洒点前及终点后，其长度为1～1.5m，以杜绝重复洒油、重复洒料的情况出现，避免影响平整度并杜绝油包出现。

纵缝的处理。沥青洒布要保证行车直顺，在施工下一幅时，封层左侧石料的撒布应与上一幅右侧的石料对齐，保证纵缝对接良好，接缝沥青重叠部分不得超过10cm，避免泛油。

用改性沥青作为胶结料施工封层，当封层车前进约10m左右时，用胶轮压路机跟进碾压。集料撒布后即用轮胎压路机均匀碾压2～3遍，确保集料与热喷沥青牢固黏结。碾压时每次碾压重叠1/3轮宽，碾压要求两侧到边，确保有效压实宽度。碾压时，应遵循先两边后中间、先慢后快的原则，且压路机每次折回位置避免在同一断面上。压路机不得随意刹车或掉头。

(5) 缺陷处理

当发现浇洒沥青后有空白时，应及时进行人工补洒；当有沥青积聚时应刮除，防止因沥青结合料的不均匀喷洒导致石料的剥离、斑纹、泛油。

当发现有油条时，应及时关闭喷油嘴和料门，检查喷油嘴的压力是否符合要求，料门是否被大粒径石料堵塞。

当发现有泛油时，应在泛油处补撒嵌缝料。当有过多的浮动石料时，应扫出路面，并不得搓动已经粘着在位的石料。

当车内任何一种材料用完时，应立即关闭所有输送材料的阀门，一般是先关石料开关，后关沥青开关，要留有50cm的沥青油膜，以便接缝。然后将封层车按前进方向开出施工作业段。

6.2.8 沥青下面层施工

同步碎石封层施工完成后，经验收符合要求，可进行下面层施工。

下面层施工机械应配备有足够数量的沥青混合料摊铺机、压路机、运输车辆等，并符合以下要求：

(1) 沥青混合料摊铺机。可选用单机摊铺或双机梯队作业摊铺。单机摊铺必须保证铺面均匀、平整度好、基本无明显离析。双机摊铺时，两台摊铺机必须为同一机型，以保证厚度一致，平整度好。

(2) 压路机。25t以上轮胎压路机，10t以上双钢轮压路机若干。

(3) 载重量15t以上的自卸汽车若干。

1. 试验段铺筑

(1) 正式施工前，需先做试铺路段。试铺路段长度应不少于300m，每种铺筑方案长度应不少于150m。试铺路段需要确定的内容包括：调试拌和、摊铺机具，消除机械设备的缺陷，保证在将来大规模施工中正常运行；确定合理的施工、机械数量及组合方式；确定施工用混合料的生产配合比；确定下面层的施工工艺；建立沥青下面层试验及检验程序；确定合理的管理体系、人员配置等。

(2) 试铺段的铺筑，严格按部颁标准《公路沥青路面施工技术规范》（JTG F40）

规定操作。试铺结束后，试铺段应基本无离析和石料压碎现象。经检测各项技术指标均符合规定要求后，施工单位应立即提交试铺段总结报告，按规定程序进行资料的上报，批准后即可作为申报正式开工的依据。

2. 下面层施工

（1）施工准备

1）对下封层进行检查，表面清洁、无浮土及其他杂物，经自检质量合格，报监理工程师检验合格后进行下面层施工。

2）测量放样。按下面层的设计宽度、高程，初定放好平面位置和测出地面标高并算好挂线高度。分别测定下封层顶面标高、下面层松铺标高、下面层压实后标高，计算松铺系数。

3）按设定的放样位置进行打桩挂线，挂线用钢丝线张紧，张紧力不小于800N，每段挂线长度约150m；每5m的中间桩用支架支撑5m长的铝合金布设，设置摊铺机水平传感导线；对挂好的钢丝线、铝合金应复测挂线高度以保证下面层标高准确。

（2）沥青混合料的拌制

1）严格掌握沥青和集料的加热温度以及沥青混合料的出厂温度。沥青混合料的施工温度控制范围见表6-4。

沥青混合料的施工温度（℃）　　　　　表6-4

温度控制项目		下面层
沥青加热温度（℃）		150～160
混合料出厂温度（℃）		140～160，超过190废弃
混合料运输到现场温度（℃）		不低于140
摊铺温度（℃）	正常施工	不低于130
	低温施工	不低于140
初压混合料内部温度（℃）	正常施工	不低于125
	低温施工	不低于135
复碾表面温度（℃）	正常施工	不低于110
	低温施工	不低于120
终碾表面温度（℃）	正常施工	不低于90
	低温施工	不低于100
开放交通的路表温度（℃）		不高于50

2）拌和楼控制室必须配备打印设备，逐盘打印沥青及各种矿料的用量和拌和温度，并定期对拌和楼的计量和测温进行校核；没有材料用量和温度自动记录装置的拌和机不得使用。

3）拌和时间由试拌确定。必须使所有集料颗粒全部裹覆沥青结合料，并以沥青混合料拌和均匀为度。沥青混合料的拌和时间不少于45s，拌制的第一、第二车料需做以下观测：①矿料颗粒组成有无明显变化；②有否出现花白料；③有否出现枯料或色泽异常；④若有以上情况出现需查明原因并做出调整，否则正常拌和供料。

(3) 混合料运输

1) 根据施工需要采用足够数量的自卸车运输，以保证现场施工的连续性。

2) 装料前，车厢要清洗干净，并涂洒一薄层 1∶3 油水混合物，以防止混合料与车厢黏结。

3) 装料时车辆应分前、中、后挪动位置，以减少离析现象。

4) 运输车厢要盖上帆布以保温、防尘、防雨。

5) 料车出场和到达现场时都要检查并做好记录。

6) 车辆应停在摊铺机前 10~30cm 进行卸料，防止撞击摊铺机。

(4) 下面层混合料摊铺

1) 沥青混合料摊铺前，计算好拌和、运输和摊铺机行驶速度的关系，保证摊铺不停地连续摊铺。

2) 摊铺机调整到最佳状态：如熨平板平整度、顺直度、接缝处理、仰角度、振动效果、固定度等；喂料斗的灵敏度、爬链的运行等；振捣的频率、振幅、压力等；自动找平装置的发射频率、灵敏度等；要求必须使用无接触式自动找平装置。调好螺旋布料器两端的自动料位器，并使料门开度、链板送料器和螺旋布料器的转速相匹配。螺旋布料器内混合料表面以略高于螺旋布料器 2/3 为宜，使熨平板的挡板前混合料的高度在全宽度范围内保持一致，避免出现离析现象。

3) 连续稳定的摊铺是提高路面平整度的最主要措施。摊铺机的摊铺速度应根据拌合机的产量、施工机械配套情况及摊铺厚度、宽度，按 2~4m/min 调整选择，做到缓慢、均匀、不间断地摊铺。不得任意快速摊铺几分钟再停机待料。用餐应分批轮换交替进行，切忌停铺用餐。争取做到每天收工停机一次。

4) 安排专人检测松铺厚度是否符合规定，以便随时进行调整厚度。厚度控制器必须由专人控制，外人不得操作。

(5) 下面层混合料碾压成型

1) 碾压前对压路机进行清理和冲洗，保持清洁；碾压时，光轮压路机用水降温防沾（应尽量成雾状），胶轮压路机胶轮涂刷少量植物油防止沾轮。

2) 沥青面层的压实是保证基层质量的重要环节，应选择合理的压路机组合方式及碾压步骤。为保证压实度和平整度，初压应在混合料不产生推移、开裂等情况下尽量在摊铺后较高温度下进行。初压时压路机的轮迹应重叠 1/3~1/4 碾压宽度。在石料易于压碎的情况下，原则上钢轮压路机不开振，以轮胎压路机碾压为主。

3) 碾压时应将压路机的驱动轮面向摊铺机，遵循"高频、低幅、紧跟、慢压"的原则，从外到内、从低到高进行。双钢轮振动压路机相邻碾压带重叠宽度为 10~20cm，轮胎压路机相邻碾压带重叠 1/3~1/2 的碾压轮宽度。

4) 振动压路机折返时停止振动，禁止在碾压过程中急刹车，严禁在未碾压成型路段上转向、调头、加水或停留；施工结束后，压路机不能停放在未彻底冷却的路面上；并防止矿料、油料和杂物散落在表面。

5) 压路机无法碾压到的局部位置，采用振动夯板或用人工夯锤补夯实。

6) 碾压完成后进行标高检测，如有需要及时做出调整。

7) 每台胶轮压路机总质量不宜小于25t，吨位不足时可附加重物；冷态时的轮胎充气压力不小于0.55MPa，轮胎发热后不小于0.6MPa。

8) 要对初压、复压、终压段落设置明显标志，便于司机辨认。对松铺厚度、碾压顺序、压路机组合、碾压遍数、碾压速度及碾压温度应设专岗管理和检查，做到既不漏压也不超压。

9) 压实完成12小时后，方能允许施工车辆通行。

6.2.9 施工注意事项

施工中要尽量做到"洒布匀、线型直、受力紧、铺装平"。

(1) 透层、黏层注意事项

气温低于10℃、大风天气或即将降雨时不得喷洒透层、黏层。

在大规模摊铺前，现场必须进行沥青黏层的试喷洒及土工布试摊铺工作，获取黏层喷洒用量、喷洒温度等关键参数。

(2) 抗裂土工布注意事项

聚丙烯材质的土工布抗光老化性较差，不宜长期直接暴露于阳光的环境中。聚丙烯材质的土工布卷材应特别注意在运输过程使用不透光、抗紫外线的外包装。土工布摊铺后严禁长时间曝晒，暴露时间不应超过4h；必要时可以选用添加抗老化剂的聚丙烯材质土工布。

抗裂土工布铺设施工时，应尽可能铺设成一条直线；当需要转弯时，将抗裂土工布弯曲处剪开，进行平接处理，应尽量避免抗裂土工布打折起皱。

施工过程中，需避免施工车辆轮胎粘上沥青。压路机与摊铺机轮胎表面粘沥青后应尽快处理干净，涂抹隔离剂后方可继续施工，避免破坏抗裂土工布、黏层油与基层表面之间的黏结。

抗裂土工布铺设完后，应安排人员对施工段落抗裂土工布的整体情况进行检查，重点是重叠拼接部分、接缝处、硬路肩等边缘部分。

铺路机械或其他车辆在聚丙烯抗裂土工布铺设中，在其上面转向一定要逐渐展开，并且保证尽可能地少转向，以避免可能对布的损害。在铺展施工中，设备轮胎必须附着于布面，布面上尽可能少撒砂子以免被粘附。

抗裂土工布铺设过程中，应安排人员随时检查铺设效果，对缺陷部位进行处理。

抗裂土工布铺设完成后，如不即时进行同步碎石封层的施工，则应对已铺段落进行封闭，禁止车辆进入。

(3) 下封层施工注意事项

同步碎石封层施工时，首先需要对抗裂土工布表面进行检查。检查内容包括土工布有无破损、接缝是否黏结、表面有无杂物等，对存在的问题处理后，方可进行封层的施工。

同步碎石封层施工时须控制好碎石的质量，粒径不宜过小，粉尘含量不宜过大，宜经过拌和楼除尘处理；同时应控制碎石的满铺率在60%～80%左右，避免下面层施工时出现运料车轮胎或摊铺机履带粘轮现象，破坏抗裂土工布铺面。

（4）沥青下面层施工注意事项

下面层施工时，摊铺机、运输车辆应限载限速，避免急刹车、急转弯。

下面层施工完成后，经验收合格，可按一般沥青层施工要求进行下一工序施工。

6.3 抗裂土工布应力吸收层施工质量验收与评定标准

施工质量验收与评定包括所用材料、铺筑试验段、施工过程中的质量管理和检查验收。各个工序完成后进行检查验收。经检验合格后，方可进行下一个工序。凡经检验不合格的段落，必须进行补救，使其达到要求，否则不得进行下一工序。

抗裂土工布应力吸收层施工应满足以下基本要求：

（1）抗裂土工布原材料质量应符合有关要求，无老化、破损、污染；

（2）抗裂土工布铺面应与下承层紧密粘贴，无起皮、破损、污染等现象；

（3）抗裂土工布横、纵接缝设置应满足本书提出的要求；

（4）施工单位自检资料基本齐全、评定结果符合要求，且有关人员签字完整、合格、有效；

（5）涉及路面结构安全和使用功能的重要实测项目为热沥青洒布量和剪切强度，其合格率不得低于90%，否则进行返工处理。

6.3.1 实测项目

抗裂土工布施工完成后，应及时进行检验，检验合格后，方可进行同步碎石封层和沥青混合料下面层的施工。另外，在同步碎石封层和沥青混合料下面层施工完成后，进行下面层和基层的整体取芯，芯样风干后进行抗剪强度的试验。抗裂土工布施工验评标准如表6-5所示。

抗裂土工布施工验评标准　　　　表6-5

项次	项目	质量要求或允许偏差	检查方法和检查频度	权值
1	平整度	≤8mm	3m直尺：每200m检测2处×10尺	1
2	外观	①均匀密贴无折皱 ②接缝粘贴无起层 ③边缘粘贴无起层	目测：随时	1
3	洁净度	≤0.06kg/m²	洁净度试验：每公里测2处	1
4	宽度	≤3mm，≥-10cm	卷尺：200m/1处	1

续表

项次	项目	质量要求或允许偏差	检查方法和检查频度	权值
5	横缝设置	①平接间隔≤1cm ②接缝重叠≤5cm	卷尺：每处	2
6	纵缝设置	①平接间隔≤3cm ②接缝重叠≤5cm	卷尺：200m/1处	2
7	横缝错开距离	≥5m	卷尺：每处	2
8	剪切强度（25℃）	≥0.4MPa	每公里或每台班1组（6个芯样）	3
9	热沥青洒布量	$1.0 \sim 1.4 kg/m^2$（根据试验段确定）	电子天平：每公里2处，每处3个点	3

6.3.2 外观鉴定

抗裂土工布铺面有折皱时，如折皱长度小于20cm且宽度0.5～1.0cm，数量10条以内扣1分，大于10条扣2分；折皱长度大于20cm且宽度大于1.0cm，每处扣3分。

抗裂土工布铺面有泛油现象的，泛油面积小于$1m^2$时，每处扣1～2分；泛油面积大于$1m^2$时，每处扣3分。

抗裂土工布铺面有起皮现象的，长度小于3m时，每处扣1～2分；长度大于3m时，每处扣3分。

抗裂土工布铺面搭接与边缘位置存在未与下承层紧密黏结现象的，脱空面积不大于$50cm^2$时，每处扣1分；脱空面积大于$50cm^2$时，每处扣1～2分。

抗裂土工布铺面线形不顺直，扣1～2分。

6.3.3 质量保证资料

分项工程的施工资料和图表残缺，缺乏基本数据或有伪造涂改者，不予检验和评定，资料不全者应予减分。根据质量保证资料内容，视资料不全情况，每款减1～2分。

质量保证资料应包括以下几个方面：
（1）所用原材料、半成品和成品质量检验结果。
（2）各项质量控制指标试验记录和质量检测资料。
（3）施工过程中遇到的非正常记录及其对工程质量影响分析。
（4）施工过程中如发生质量事故，经处理补救后，达到设计要求的认可证明文件。

6.3.4 施工质量等级评定方法

在基层清扫完之后，喷洒透层油前，施工单位组织人员对抗裂土工布应力吸收层施工的基层工作面进行检查验收,如清扫后基层满足施工要求,则按施工程序办理转序手续;如基层不能满足抗裂土工布应力吸收层施工要求,则不得进行施工。

抗裂土工布应力吸收层施工质量检验评定以分项工程为单元,在分项工程评分的基础上,逐级计算相应的分部工程、单位工程评分,分项工程划分参照《公路工程质量检验评定标准》[96](JTG F80/1)。

分项工程质量评分:

分项工程质量检验评定内容包括实测项目、外观鉴定和质量保证资料三个部分。分项工程评分值满分为100分,实测项目按表6-5加权平均法计算,存在外观缺陷或资料不全时应予以减分。

$$\text{分项工程实测项目得分} = \frac{\sum[\text{检查项目得分} \times \text{权值}]}{\sum \text{检查项目权值}} \tag{6-1}$$

分项工程评分值=分项工程实测项目得分-外观缺陷减分-资料不全减分

工程质量等级评定:

工程评分值不小于90分为合格,小于90分者为不合格。评定不合格分项工程,经处理满足设计要求后,可以重新评定其质量等级,但计算单位工程评分值时按其复评分值的90%计算。各工程可结合实际制定合格标准,但不宜低于本部分研究提出的要求(根据项目特点及要求,抗裂土工布应力吸收层分项工程评分合格标准可适当提高)。

沥青路面铺筑过程中必须随时对铺筑质量进行评定,质量检查的内容、频度、允许差应符合《公路沥青路面施工技术规范》(JTG F40)的规定。

第7章 工程实例

本章主要通过对典型条件下依托工程的应用案例分析，讨论介绍具体的半刚性基层沥青路面抗裂土工布应力吸收层的设计与施工质量控制过程。以期通过工程实例分析，使理论和实际结合得更加紧密，具有较强的针对性、实用性和可操作性。

7.1 工程背景

某项目区属高原温带半干旱季风气候区，气候干燥寒冷，空气稀薄，日照时间长，年日照时数在3000小时以上，太阳辐射强，气温偏低，植被不发育，昼夜温差较大，冬长夏短，冬春寒冷干燥多风，年无霜期110天。多年平均气温7.5℃，最热月（6月）平均温度15.7℃；最冷月（1月）平均气温为－2℃，极端最高温度为29.6℃，极端最低气温－16.5℃。多年平均降水量447.2mm，集中在6～9月份，多为昼晴夜雨的天气，多年平均蒸发量2260.0mm；空气相对湿度44.2%。

项目区沿线地表水十分丰富，在季风气候条件下，河沟流量随季节变化大，洪水期与枯水期的流量相差悬殊。

7.2 方案论证与初选

根据本地区冬季寒冷的特点，气候对公路的影响较大，沥青混凝土路面对路基变形的适应性强；河谷地段有软弱地基分布，地下水位亦较高，沥青混凝土路面能较好地适应路基不均匀变形；同时，结合当地区域已建成公路的建设经验，通过经济技术综合比较后推荐采用沥青混凝土路面，路面设计使用年限为15年。沥青混凝土路面设计以双轮组单轴载100kN作为标准轴载。综合考虑路面面层在气候及交通量等诸多方面的要求，路面设计采用水泥稳定碎石基层和沥青面层。经技术经济综合分析，拟在路面基层顶加铺抗裂土工布应力吸收层，并按照界面剪应力强度设计值一般不小于0.4MPa进行控制验算。

根据《公路沥青路面设计规范》（JTG D50）规定，路面厚度计算按双圆均布垂直荷载作用下的弹性层状连续体系理论，采用沥青路面设计与验算系统（HPDS2011）设计程序计算，路面结构如下：

主线路面（一般路段，沥青混凝土路面）

上面层：4cm细粒式沥青混凝土 AC-13C

中面层：6cm 中粒式沥青混凝土 AC-20C

下面层：7cm 粗粒式沥青混凝土 AC-25C

基　层：32cm 4.5％水泥稳定碎石基层

底基层：20cm 级配碎石

原路面结构材料设计参数表　　　表 7-1

材料名称	20℃抗压模量（MPa）	15℃抗压模量（MPa）	劈裂强度（MPa）
AC-13C	1500	2100	1.5
AC-20C	1300	1900	1.1
AC-25C	1100	1300	0.75
4.5％水泥稳定碎石基层	1500		0.5
级配碎石底基层	200		

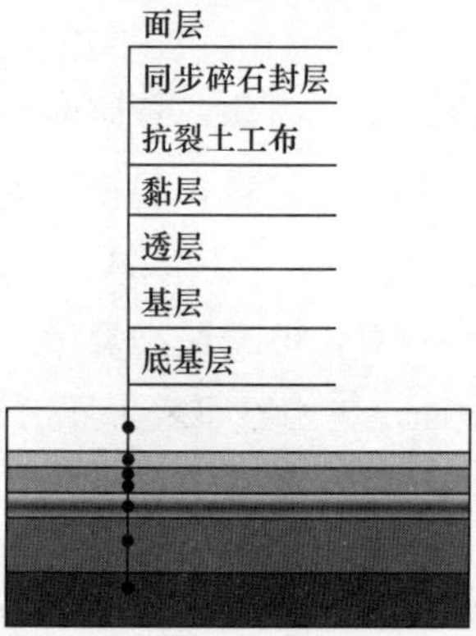

图 7-1　拟采用抗裂土工布应力吸收层沥青路面结构形式

上、中、下面层沥青采用 90 号 A 级重交通道路石油沥青。

设计方案初选：

经过方案比选，根据路面结构方案和当地实践经验，参照本书提供的设计思路，通过室内材料性能检验，各结构层材料的匹配性检验等室内试验研究，结合现场条件，基于普通沥青黏层油的方案，选择抗裂土工布应力吸收层设计方案如下：

0.6～0.8kg/m² 乳化沥青透层油＋1.1～1.3kg/m² 普通沥青黏层油＋抗裂土工布＋1.3～1.5kg/m² 改性沥青下封层。

7.3　现场施工应用

7.3.1　施工方案概况

结合室内研究的试验方案，计划针对现场施工路段进行抗裂土工布应力吸收层的黏结强度和抗剪强度的试验，主要通过对抗裂土工布应力吸收层施工加铺同步碎石封层和沥青混合料下面层后的整体钻芯取样，并对取得的芯样进行黏结性能的相关试验。

根据已有试验段实施的经验总结，按照抗裂土工布应力吸收层现场指导意见，在依托工程中开展工程应用。本次实施段长约 700m，采用具体方案安排如下：

1. 抗裂土工布应力吸收层施工控制标准：

0.6～0.8kg/m² 乳化沥青透层油＋1.1～1.3kg/m² 普通沥青黏层油＋1.3kg/m²～1.5kg/m² 改性沥青下封层。

2. 试验段机械设备安排：

(1) 基层清扫车，1 台；

(2) 智能型沥青洒布车，洒布宽度 5m，1 台；

(3) 大功率吹风机，3～5 台；

(4) 摊铺宽度可调节的抗裂土工布摊铺设备，1 台；

(5) 自重不小于 25t 的胶轮压路机，1 台；

(6) 小型压实设备 1 台，橡胶锤若干。

3. 本次施工路段实施的工序安排如图 7-2 所示。

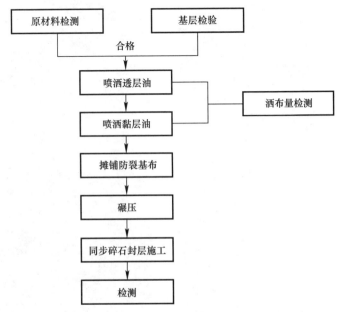

图 7-2 现场施工工艺图

7.3.2 现场实施情况

试验在当天上午 10 点 15 分进行，天气晴朗，空气温度 15℃，地表温度 13℃，微风，风力约 2 级。经对试验路段基层检测合格，并清扫干净后，开展现场施工。

现场的施工情况如图 7-3 所示。

(a) 试验路基层　　　　　　　　(b) 试验路场地清扫

图 7-3 抗裂土工布铺设的前期准备及摊铺（一）

(c) 透层油洒布　　　　　　　　　(d) 热沥青温度测量

(e) 抗裂土工布施工　　　　　　　(f) 胶轮碾压

(g) 热沥青铺面粘结表面　　　　　(h) 施工段标示

图 7-3　抗裂土工布铺设的前期准备及摊铺（二）

施工过程中严格按照施工技术要求进行，首先对下承层进行了仔细清扫并检查，按照 0.6~0.8kg/m² 的标准进行透层油喷洒并进行了封闭式管理，禁止人员及车辆通行。

透层油破乳后，进行抗裂土工布应力吸收层黏层油喷洒，洒布量按 1.1~1.3kg/m² 控制；抗裂土工布摊铺机紧随黏层油洒布车前进，控制间距不大于 5m；胶轮压路机跟在抗裂土工布摊铺机后面进行压实，确保抗裂土工布与黏层油有较好的黏结效果。

施工过程中，对局部横向接缝处的处理时，可以看出抗裂土工布铺设后经胶轮碾压后能够与基层表面较好的黏结在一起（图 7-4）。

抗裂土工布摊铺完成后，按要求进行改性沥青同步碎石封层的施工，改性沥青洒布量 1.3~1.5kg/m²，碎石撒布量按 70%~80% 满铺率控制。

(a) 抗裂土工布与基层表面的粘结

(b) 同步碎石封层施工

(c) AC-25C下面层施工

图 7-4　碎石封层及下面层施工

改性沥青碎石封层施工完成后，进行沥青下面层施工，然后按一般沥青路面施工工艺要求进行。

7.4　施工质量检验

针对抗裂土工布应力吸收层的现场检验，目前还没有太好的方法，规范也没有具体的说明，现场只能通过个人经验来评价，诸如接缝黏结效果、边缘黏结效果、铺面平整无折皱等。根据工程特点，对抗裂土工布应力吸收层铺设后的路面以及施工了同步碎石封层和下面层的路面进行钻芯取样，如图 7-5 所示。然后在试验室内对芯样进行黏结面的拉拔和抗剪试验。

图 7-5　现场钻芯情况

7.4.1 试验样品及试验方法

试验样品为现场钻芯取回的圆柱体样品，结构分为水泥稳定碎石基层和沥青混凝土两部分，中间为抗裂土工布应力吸收层，如图 7-6 所示。由于部分芯样在运输途中损坏，现场取回有效芯样共 9 个。

（a）芯样　　　　　　　　　　　　（b）部分断裂芯样断面

图 7-6　现场钻取的芯样

进行了标准温度下的剪切试验及拉拔试验。试验温度及相应的样品编号见表 7-2。剪切试验所使用的仪器为 UTM-100，试验前试件保存在环境箱中，在目标温度下，保温 4 小时。

试验方法及相应样品编号　　　　　　　　表 7-2

试验方法	试验温度	样品编号（号）
剪切试验	25℃	1
		2
		3
		4
		5
		6
拉拔试验	25℃	7
		8
		9

7.4.2 剪切试验结果

表 7-3 给出了不同温度下剪切试验结果。在 25℃标准温度条件下，试件均断裂在水稳层与抗裂土工布之间，断裂后抗裂土工布仍黏附在沥青混凝土部分，剪切强度在 0.4MPa 以上，如图 7-7 所示。试验结果易受界面粗糙程度的影响，界面越粗糙，试件的剪切强度越高。

剪切试验结果				表 7-3
试验温度	样品编号（号）	剪切力（kN）	剪切强度（MPa）	备注
25℃	1	6	0.49	黏结层界面破坏
	2	6.2	0.51	黏结层界面破坏
	3	6.37	0.52	黏结层界面破坏
	4	5.89	0.48	黏结层界面破坏
	5	6.21	0.51	黏结层界面破坏
	6	7.13	0.58	黏结层界面破坏
平均值		6.3	0.52	

图 7-7 剪切试样断裂界面

表 7-3 对比了不同位置芯样剪切强度，由表中的剪切强度平均值可以看出：按照既有设计方案进行施工，不同位置处试样剪切强度差距不大。

7.4.3 拉拔试验结果

拉拔试验结果如表 7-4 所示。两个试样的拉拔破坏均发生在水稳基层，另一个试样的断裂面部分发生在水稳基层，部分在沥青黏结层，如图 7-8 所示。说明在常温下，沥青黏结层的抗拉强度与水稳基层的抗拉强度相当，甚至高于水稳基层。因此在常温或低温下，拉拔破坏一般不会发生在水稳基层与沥青面层间的沥青黏结层。

拉拔试验结果				表 7-4
试验温度	样品编号（号）	最大拉力（kN）	拉拔强度（MPa）	备注
25℃	7	2.9	0.37	断裂在水稳层
	8	1.5	0.19	部分断裂在黏结层
	9	2.9	0.37	断裂在水稳层
平均值		2.4	0.31	

7.4.4 现场施工情况小结

在典型工程进行了抗裂土工布应力吸收层铺设。本次施工段方案为：0.6～

0.8kg/m² 乳化沥青透层油＋1.1～1.3kg/m² 普通沥青黏层油＋抗裂土工布＋1.3～1.5kg/m² 改性沥青下封层。

(a)   (b)

图 7-8　拉拔试样断裂界面

通过现场钻取芯样剪切强度的数据可以得出，现场施工段所采用抗裂土工布应力吸收层施工方案铺筑的路面，能够满足抗裂土工布应力吸收层施工的技术要求。

标准温度状态下，现场芯样的层间剪切强度为 0.52MPa，大于施工指导意见提出的要求，且复合试件的剪切破坏均发生在水稳基层与抗裂土工布之间，说明抗裂土工布与沥青混凝土层间的黏附作用较好。

7.5　质量验收与评定

为确保抗裂土工布应力吸收层的施工质量，依据室内试验的研究成果结合现场试验段铺筑的情况，确定了评价抗裂土工布应力吸收层施工质量的检测和验收情况。

参照附录 F-3，通过对该工程抗裂土工布应力吸收层施工段落进行了检查和验收，相应评定结果如表 7-5 所示。

抗裂土工布应力吸收层施工检验评定分值　　　　表 7-5

序号	验收时间	评定分值
1	2014-12-15	99.7

实体工程通过采用建议的工程应用方法，验收评定分值满足标准，达到了保证项目不同路段聚丙烯抗裂土工布的合理利用，优化了半刚性基层沥青路面抗裂土工布应力吸收层的施工工艺，指导了抗裂土工布应力吸收层的施工与质量检测验收。

附录 A 抗裂土工布吸油率试验方法

A.1 试验目的

本方法用于测定聚丙烯非织造土工布的吸油率（单位面积抗裂土工布吸收沥青的质量）。

A.2 试验仪具

材料：聚丙烯抗裂土工布、90号A级沥青。
烘箱：量程不小于160℃，控制精度为±1℃。
电子天平：量程最大2kg，精确到0.01g。
止血钳：数量不少于2个，规格型号不短于160mm。
轻质托盘：数量3个，规格尺寸不小于20cm×20cm。
其他：盛样桶、灰刀、剪刀、记录表。

A.3 试验步骤

A.3.1 对托盘进行编号1-1、1-2、1-3，并称取相应质量 m_{1-1}、m_{1-2}、m_{1-3}，精确至0.1g。

A.3.2 剪取聚丙烯抗裂土工布3块，规格尺寸为20cm×20cm，并对其进行编号2-1、2-2、2-3，称取相应重量记为 m_{2-1}、m_{2-2}、m_{2-3}，精确至0.1g。

A.3.3 将沥青均匀加热至150℃，并用玻璃棒搅拌均匀。

A.3.4 用两把止血钳分别夹住抗裂土工布一角，使土工布展开浸入热沥青，待其吸收沥青1min后取出，并用加热后的灰刀，去除土工布表面的游离沥青。

A.3.5 将2-1号试样放入1-1号托盘，将2-2号试样放入1-2号托盘，将2-3号试样放入1-3号托盘，并置于阴凉无风处自然冷却。

A.3.6 待试样完全冷却后，分别称取其重量，记作：M_{1-1}、M_{1-2}、M_{1-3}，精确至0.1g。

A.4 计算

按式A-1分别计算三个试样的吸油率，取平均值作为单位面积吸油率 Q。

$$Q = \left[\frac{(M_{1-1}-m_{1-1}-m_{2-1})}{0.04} + \frac{(M_{1-2}-m_{1-2}-m_{2-2})}{0.04} + \frac{(M_{1-3}-m_{1-3}-m_{2-3})}{0.04}\right]/3$$

(A-1)

式中：Q——每平方米抗裂土工布吸油量，kg/m^2；

$m_{1\text{-}i}$——托盘质量 $i=(1,2,3)$，kg；

$m_{2\text{-}i}$——20cm×20cm 抗裂土工布质量 $i=(1,2,3)$，kg；

$M_{1\text{-}i}$——托盘、抗裂土工布和吸收沥青质量，kg。

附录 B 直剪试验方法

B.1 试验目的

采用直剪方法测定沥青混合料与半刚性基层之间的剪切强度，以评价半刚性基层沥青路面抗裂土工布应力吸收层层间抗剪性能。

直剪试验的加载速率采用 10mm/min，试验温度根据工程实际要求确定，通常采用的试验标准温度为 25℃（也可根据实际工程条件，选取对应试验温度，并在报告中标注）。

B.2 试验仪具

万能试验机或压力机：能按照规定加载速度加载且拉伸时无明显振动和偏心。应配有环境保温箱，控制精度为±0.5℃，最大荷载为 100kN。

试验模具装置：黏结层材料抗剪性能的直剪试验装置如图 B-1 所示。

试件尺寸：$\phi 100 \times h 100$mm。

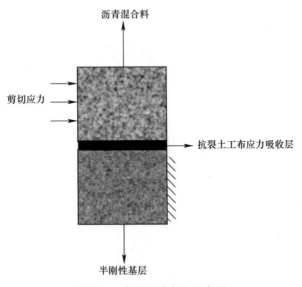

图 B-1 直剪试验方法示意图

B.3 试验步骤

B.3.1 成型基层试件

按照规定的方法及用量成型半刚性基层试件，并洒布透层油、黏层油，黏结抗裂土工布。

B.3.2 成型直剪试验复合件

（1）室内成型复合件时，按照规定的方法及用量，在基层试件上成型下封层和下面层沥青混合料并养生后进行钻芯取样。

（2）钻取复合件时，应在下面层沥青混合料施工完成并养生后，进行钻芯取样。

B.3.3 试验

将试件置于已达规定温度的恒温箱中保温不低于5h后，进行剪切试验。试件界面推移时，读取压剪力数值，并注意观察界面情况。

B.4 计算

试件直剪强度按式（B-1）计算。

$$\tau = F/S \tag{B-1}$$

式中：τ——试件的直剪强度，MPa；

F——试件破坏时的最大荷载，N；

S——试件受剪面积，mm^2。

附录 C 拉拔强度试验方法

C.1 试验目的

C.1.1 本方法适用于测定和评价抗裂土工布应力吸收层与半刚性基层之间的黏结强度（如图 C-1）。

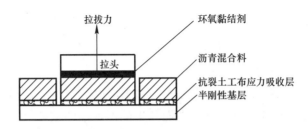

图 C-1 黏结强度试验方法示意图

C.1.2 黏结强度的拉伸速率采用 10mm/min。试验温度根据试验具体要求确定，通常采用标准温度 25℃（也可根据实际工程条件，选取对应试验温度），并应在报告中注明。

注：进行现场黏结强度试验测试时，应选择与要求试验温度一致的气温时段进行试验，如在夏天时，宜选择在清晨气温较低的时间段进行试验。

C.2 试验仪具

C.2.1 拉拔仪：能按照规定拉伸速度拉伸试件，且拉伸时无明显振动和偏心的拉拔仪均可使用。

C.2.2 拉头：采用不锈钢或黄铜制作，其尺寸可根据设备要求或测试要求选择 50mm 或 100mm 的拉头，并在报告中注明。

C.3 试验步骤

C.3.1 试件制备

（1）室内成型复合件时，按照规定的方法及用量，在基层试件上成型下封层和下面层沥青混合料并养生后进行切割处理。

（2）现场钻取复合件时，应在下面层沥青混合料施工完成并养生后，进行切割取样。

（3）采用钻芯机钻芯至半刚性基层表面，芯样表面和拉头底部涂布环氧树脂，将拉头黏附于芯样上，待环氧树脂完全固化后，进行下步试验。

C.3.2 试验步骤

（1）将拉拔仪和保温后的试件一起置于恒温箱中保温至试验温度。

（2）开动拉拔仪进行拉拔测试，试验过程中，应保持温度在规定范围内。

（3）试件拉断时，读取拉拔力数值，并注意观察断裂面情况。

C.4 计算

按式（C-1）计算拉拔强度：

$$P = \frac{F}{S} \tag{C-1}$$

式中：P——拉拔强度，MPa；
　　　F——试验拉拔力，N；
　　　S——拉头底面面积，mm^2。

单个试件的试验结果，其允许误差不超过平均值的20%，超过此误差范围的试验结果应舍弃。试验后应仔细观察断裂面产生的位置（即破坏界面的结构层位及其所处的位置），详细记录破坏现象。

附录 D 洁净度试验方法

D.1 试验目的

采用固定功率的商用吸尘器对单位面积清理过的水泥稳定基层表面灰尘、碎石等进行吸取,以评价半刚性基层表面的清洁度。

D.2 试验仪具

商用吸尘器:电压 220V,功率 1000W,体积 15L 的商用吸尘器。

发电机:额定功率不低于 2500W。

电子天平:最大量程 10kg,精度 0.5g。

D.3 试验步骤

D.3.1 确定试验段落

在清扫过的基层路段任选 2 段、每段 100m 作为试验路段,同时 2 段试验段间隔不小于 100m,并进行明显标识。

在选定的试验段落里,任选一长为 l 宽为 d 的区域作为本段的试验区域,并记录具体桩号位置。

D.3.2 调试试验仪器

(1)检查发电机状态,如机油、汽油、风门位置等;

(2)检查吸尘器组件是否齐全,储物筒是否清洁,吸附力是否正常等,一切正常后组装吸尘器并通电调试。

图 D-1 商用吸尘器

D.3.3 试验过程

采用吸尘器对划定的区域进行试验,吸附时应沿路线前进方向以条状形式逐一吸附,确保没有遗漏。如目测试验区域灰尘较多,试验过程中随时关注吸尘器运行状态,避免灰尘堵塞滤网影响吸附效果。

试验完成后,将吸尘器储物筒及滤网中的灰尘、碎石等放入天平托盘中,准确称量读取 m_1。

在另一试验段落选定的区域进行平行试验,并得到试验数据 m_2。

D.4 计算

基层表面清洁度按下式进行计算:

$$P = (m_1/S_1 + m_2/S_2)/2 \tag{D-1}$$

式中：P——基层表面洁净度，kg/m^2；

m_1，m_2——试验1、2区域吸取的杂物质量，kg；

S_1，S_2——试验1、2区域面积，由路面宽度 d 和试验长度 l（5±0.1m）计算，m^2。

附录 E 热沥青洒布量检测方法

E.1 试验目的

测定热沥青洒布车在一定速度下匀速行驶时，单位面积内喷洒的热沥青质量。

E.2 试验仪具

热沥青洒布车：压力大小可控，阀门大小可调，具有加热保温功能。

电子天平：量程最大 5kg，精确到 0.1g。

不锈钢托盘：数量不少于 2 个，尺寸 20cm×30cm。

E.3 试验步骤

E.3.1 首先称量试验用不锈钢托盘质量 m_1、m_2，并进行标识以便区分。

E.3.2 热沥青洒布车进行参数调试，保持车喷洒压力不变，固定洒布车喷嘴阀门大小不变，以行驶速度快慢决定洒布量大小。

E.3.3 将不锈钢托盘摆放于洒布线路，前后间隔不小于 20m。

E.3.4 热沥青洒布车启动，达到预定速度并保持匀速行驶时开动喷嘴阀门进行喷洒。

E.3.5 取回不锈钢托盘，称取盛有热沥青的不锈钢托盘质量 M_1、M_2。

E.4 计算

按式 E-1 分别计算两个不锈钢托盘的洒布量，取平均值作为单位面积洒布量。

$$G_i = (M_i - m_i)/S \tag{E-1}$$

式中：G_i——每平方米热沥青洒布量 $i=(1, 2, 3\cdots n)$，kg/m^2；

m_i——不锈钢托盘质量 $i=(1, 2, 3\cdots n)$，kg；

M_i——不锈钢托盘及热沥青质量 $i=(1, 2, 3\cdots n)$，kg；

S——不锈钢托盘面积，m^2。

附录 F 抗裂土工布质量验收评定表

抗裂土工布施工记录表

表 F-1

项目名称：　　　　　　　　　　　　　　　合同段：

检查桩号			
工程名称		施工单位	
检查项目		检验日期	
检查结果			备注
干净整洁无轮迹			
粘结无皱			
平整无突起			
线型直顺			
无明显泛油或油污			
热沥青洒布量			

检查意见：　　　　　　　　　　　　　　　检查意见：　　　　　　　　　　　　　　　监理意见：

技术负责人：　　　　　　　　　　　　　　检测人：　　　　　　　　　　　　施工员：　　　　　　　　　　　　监理工程师：

附录F 抗裂土工布质量验收评定表

抗裂土工布铺面验收检测记录表

表 F-2

项目名称：　　　　　　　　　　　　　　　　　　　　　　　　　　合同段：

检查桩号											施工单位			
工程名称	路面工程										检验日期			
	实测值										平均值	允许偏差	合格率（%）
	1	2	3	4	5	6	7	8	9	10			
横向平接间隔距离（cm）													
横向平接重叠宽度（cm）													
横缝位置错开距离（m）													
纵向平接间隔距离（cm）													
纵向平接重叠宽度（cm）													
抗裂土工布铺面宽度（cm）													

检查意见：　　　　　　　　　　　　　　　检查意见：　　　　　　　　　　　　　　　监理意见：

检测人：　　　　　　　　　　　　　　　　施工员：　　　　　　　　　　　　　　　　监理工程师：

技术负责人：

抗裂土工布分项工程质量检验评定表

表 F-3

项目名称：　　　　　　　　　　　　　　　所属分部工程名称：　　　　　　　　　　　所属建设单位：　　　　　　　　　合同段：
分项工程名称：　　　　　　　　　　　　　施工单位：　　　　　　　　　　　　　　　监理单位：

项次	检查项目	规定值或允许偏差	检查方法和频率	实测值或实测偏差值										平均值或代表值	合格率(%)	权值	得分
				1	2	3	4	5	6	7	8	9	10				
1	宽度	+3cm，-10cm	卷尺：每200m检测1处													1	
2	横缝设置	①平接间隔≤1cm ②接缝重叠≤5cm	卷尺：每处													2	
3	纵缝设置	①平接间隔≤3cm ②接缝重叠≤5cm	卷尺：每200m检测1处													2	
4	搭接横缝错开距离	≥5m	卷尺：每处													3	
5	剪切强度(25℃)	≥0.4MPa	剪切试验（直径100mm）：每公里或每台班1组（6个芯样）													3	
6	沥青洒布量	1.0kg/m²～1.4kg/m²	称量法：2次/km														

合　计

外观鉴定		实得分：	减分	减分
质量保证资料				
质量等级评定		质量等级：		

检验负责人：　　　　　　　　　　　记录：　　　　　　　　　复核：　　　　　　　　　检查日期：　　年　月　日

基本要求：

实测项目

监理意见：

参 考 文 献

[1] 中华人民共和国交通运输部. 2015年交通运输行业发展统计公报, 2016-5-6。
[2] 孟书涛. 沥青路面合理结构的研究 [D]. 东南大学, 2005.
[3] 沈金安. 对我国沥青路面结构的思考 [J]. 中国公路, 2002, (18): 38-41.
[4] 王旭东. 我国半刚性基层沥青路面发展历程中的"规范"支撑 [J]. 工程建设标准化, 2015, (05): 13-14
[5] 高民欢. 我国沥青路面基层的现状与发展趋势 [J]. 中外公路, 2003, (04): 65-67.
[6] 沙庆林. 高等级公路半刚性基层沥青路面 [M]. 北京: 人民交通出版社, 1998.
[7] 杜鑫. 半刚性基层沥青路面层位功能分区及结构优化设计 [D]. 长安大学, 2012.
[8] 武金婷. 半刚性基层合理层位与合理厚度研究 [D]. 长安大学, 2009.
[9] 姚祖康. 铺面工程 [M]. 上海: 同济大学出版社, 2001.
[10] 沙庆林. 国外半刚性基层沥青路面的现状(一) [J]. 公路交通科技, 1987, (02): 60-67+70.
[11] 沙庆林. 国外半刚性基层沥青路面的现状(二) [J]. 公路交通科技, 1987, (04): 49-55.
[12] 交通部公路科学研究所. 高等级公路半刚性基层重交通道路沥青面层和抗滑表层的研究 [R]. 北京: 交通部公路科学研究所, 1990.10.
[13] 沈金安. 国外沥青路面设计方法总汇 [M]. 北京: 人民交通出版社, 2004.
[14] 蔺瑞玉. 半刚性基层抗弯拉性能模型和强度指标关系研究 [D]. 西安: 长安大学, 2008.
[15] 庄海涛. 公路路面 [M]. 北京: 人民交通出版社, 1980.
[16] 潘江. 半刚性基层路面的施工特点及质量控制 [J]. 西部探矿工程, 2009, (12): 169-171.
[17] 熊向辉. 高速公路沥青路面半刚性基层研究 [D]. 长安大学, 2007.
[18] 武建民. 半刚性基层沥青路面使用性能衰变规律研究 [D]. 长安大学, 2005.
[19] JTG D50—2006 公路沥青路面设计规范 [S]. 北京: 人民交通出版社, 2006.
[20] JTG D50—2017 公路沥青路面设计规范 [S]. 北京: 人民交通出版社, 2017.

[21] 程文静. 半刚性基层沥青路面早期病害及其防治研究 [D]. 山东大学, 2013.

[22] 魏道新. 半刚性基层沥青路面损坏模式与结构优化研究 [D]. 长安大学, 2010.

[23] 张澄. 半刚性基层沥青路面多裂纹扩展数值模拟与试验研究 [D]. 华中科技大学, 2010.

[24] 孙立军. 沥青路面结构行为理论 [M]. 北京：人民交通出版社, 2005.

[25] 陈冬燕. 半刚性基层材料抗裂性能研究 [D]. 长安大学, 2005.

[26] 王鹏翔. 带裂缝半刚性基层沥青路面力学性能分析 [D]. 长安大学, 2010.

[27] 高翠兰, 王鹏. 沥青路面反射裂缝产生机理及沥青性能评价 [J]. 山东建筑大学学报, 2010, (03): 351-354.

[28] 蒋应军, 戴经梁, 陈忠达. 半刚性基层裂缝产生机理分析及防治措施 [J]. 重庆交通学院学报, 2002, (02): 54-57.

[29] 符鹏. 浅析如何控制半刚性基层裂缝的产生 [J]. 湖南交通科技, 2005, (03): 27-29.

[30] 方新雨, 曾辉. 半刚性基层收缩裂缝成因分析及防治 [J]. 现代交通技术, 2005, (06): 13-15.

[31] 张登良, 郑南翔. 半刚性基层材料收缩抗裂性能研究 [J]. 中国公路学报, 1991, (01): 16-22.

[32] J. M. Rigo, et al, "Evaluation of Crack Propagation in an Overlay Subjected to Traffic and Thermal Effects", Reflective Cracking in pavements, Edited by J. M. Rigo, et, all Published by E&FN Spon, 1993, 146-158.

[33] 周富杰. 防治反射裂缝的措施及其分析 [D]. 上海：同济大学, 1998.

[34] 杨斌, 陈拴发, 王秉纲. 沥青加铺层裂纹尖端应力强度因子分析 [J]. 重庆大学学报（自然科学版）, 2006, (05): 99-103.

[35] 周富杰, 胡圣. 反射裂缝产生和发展的机理 [J]. 国外公路, 1997, (02): 12-16.

[36] 蒋应军. 水泥稳定碎石基层收缩裂缝防治研究. [D]. 西安：长安大学, 2001.

[37] Simon A. M. Hesp, Benjamin J. Smith & Todd R. Hoare. Effect of the filler particle size on the low and high temperature performance in asphalt mastic and concrete. In: Proceedings of AAPT, 2001, 70

[38] D. H. Jung, T. S. Vinson. Low-temperature cracking: test selection. SHRP-A-400. 1994.

[39] D. H. Hung, T. S. Vinson. Low-Temperature Cracking: Binder Validation, SHRP-A-399, April, 1994.

[40] 郑健龙, 周志刚等. 沥青路面抗裂设计理论与方法 [M]. 北京：人民交通出版社, 2003.

[41] 杨涛. 半刚性基层沥青路面反射裂缝的产生机理及其防治措施 [D]. 武汉理工大学, 2005.

[42] Brown, Thom and PJ Sanders, A study of grid reinforced asphalt to combat reflection cracking [J]. AAPT, 2001, 53-60.

[43] 黄晓明, 吴少鹏等编著. 沥青与沥青混合料 [M]. 南京: 东南大学出版社, 2002.

[44] 张登良. 沥青与沥青混合料 [M]. 北京: 人民交通出版社, 1993.

[45] 张登良. 沥青路面 [M]. 北京: 人民交通出版社, 1999.

[46] 刘先淼. 水泥混凝土加铺沥青罩面预防或延缓反射裂缝技术探讨 [J]. 广东公路交通, 2002, (04): 40-43.

[47] Cheneviere P, Ramdas V. Cost bevefit analysis aspects related to long-life pavements. International Journal of Pavement Engineering, 2006, 7 (2): 145-152.

[48] Ferne B. Long-life pavements-A European study by ELLPAG. International Journal of Pavement Engineering, 2006, 7 (2): 91-100.

[49] 张争奇, 胡长顺. 纤维加强沥青混凝土几个问题的研究和探讨 [J]. 西安公路交通大学学报, 2001, (01): 29-32.

[50] 陈文, 廖卫东, 薛永杰, 吴少鹏. 聚合物纤维改性高性能沥青混凝土的研究 [J]. 武汉理工大学学报, 2003, (12): 44-46.

[51] 郭乃胜, 赵颖华, 李刚. 聚酯纤维沥青混凝土的低温抗裂性能分析 [J]. 沈阳建筑工程学院学报（自然科学版）, 2004, (01): 1-3.

[52] David Harold Timm. A phenomenological model to predict thermal crack spacing of asphalt pavements [D]. University of Minnesota 2001.

[53] 李淑明, 蔡喜棉, 许志鸿. 防止反射裂缝的沥青加铺层设计方法 [J]. 华东公路, 2001, (04): 3-6.

[54] Peter S P. Development in highway pavement engineering. London: Applied Science Publishers Ltd, 1982.

[55] Richard D B. Performance of asphalt concrete pavement. Transportation Engineering Journal, 1977 (1): 142-151.

[56] Binh V. Influence of density and moisture content on dynamic stress-strain behavior of a low plasticity crushed rock. Road & Transport Research, 1992, 1 (2): 45-54.

[57] 陈峙峰. 旧水泥混凝土路面沥青加铺层设计及其应用技术研究 [D]. 大连理工大学, 2003.

[58] Baladi G Y Engineering properties of polymer modified asphalt mixtures [J]. Transportation Research Board, 1998, (1): 11-15.

[59] Brown S F, Jones C P D, Brodrick B V. Use of Non-woven fabrics in permanent road pavements [C] //ICE Proceedings. Thomas Telford, 1982, 73 (3): 541-563.

[60] J. W. Button, R. L. Lytton. Guidelines for Using Geosynthetics with Hot-Mix Asphalt Overlays to Reduce Reflective Cracking Transportation Research Record: Journal of the Transportation Research Board, 2004, 111-119.

[61] 叶国铮. 用土工布和其他薄膜防止沥青处治层的反射裂缝模型 [J]. 国外公路, 1995, (02): 23-29.

[62] 杨觉旗. 橡胶沥青薄膜及其在防止反射裂缝方面的应用研究 [J]. 中南公路工程, 1996, (04): 48-52.

[63] 赵永利, 黄晓明. 矿料级配基本性能的试验研究 [J]. 公路交通科技, 2004, (06): 1-3+11.

[64] Swamy R, Hussin M W. Continuous woven polypropylene mat reinforced cement composites for applications in building construction. Textile Composites in Building Construction, Part 1, 1990: 57-67. Computers & Structures, 1996, 61 (4): 673-693.

[65] 何雄伟, 朱文琪, 刘松, 刘强, 刘云全. STRATA 技术在武黄高速公路上的应用 [J]. 公路, 2002, (11): 10-14.

[66] 李文辉. 应用土工织物防治复合式路面荷载型反射裂缝的试验研究 [D]. 重庆交通大学, 2013.

[67] 张鹏. 高等级公路半刚性基层材料的抗裂性能研究 [D]. 大连理工大学, 2007.

[68] 黄卫. 南京机场高速公路半刚性基层特性研究 [M]. 北京: 人民交通出版社, 1998: 86-87.

[69] 蒋应军, 陈忠达, 彭波, 戴经梁. 密实骨架结构水泥稳定碎石路面配合比设计方法及抗裂性能 [J]. 长安大学学报 (自然科学版), 2002, (04): 9-12.

[70] 黄煜镔, 吕伟民, 徐建达, 吴明. 减缩剂在水泥稳定碎石基层中的应用 [J]. 同济大学学报 (自然科学版), 2005, (08): 1047-1050.

[71] 黄学文, 张正锋, 王旭东. HF-Ⅱ缓凝减水阻裂剂在水泥稳定碎石基层中的应用研究 [J]. 公路, 2001, (04): 59-62.

[72] Danielson K T, Noor A K, Green J S. Computational Strategies for Tire Modeling and Analysis [J]. Computers&Structures, 1996, 61 (4): 673-693.

[73] 汤勇. 半刚性基层预切缝防止反射裂缝的试验研究 [D]. 东北大学, 2003.

[74] 凌旭初. 土工织物控制沥青路面反射裂缝的试验研究 [J]. 华东公路, 1990,

(03): 7-13.

[75] JTG/T D32—2012 公路土工合成材料应用技术规范 [S], 北京: 人民交通出版社, 2012.

[76] 刘朝晖. 土工布在道路路面结构中的应用研究 [J]. 产业用纺织品, 2000, (11): 23-27.

[77] 交通运输部公路科学研究院. 路泰土工布在沥青路面中应用试验研究报告 [R]. 北京: 交通运输部公路科学研究院, 2010.

[78] 胡长顺, 王江帅. 土工织物在 PCC-AC 结构中应用的理论与实践 [J]. 公路, 2000 (9): 1-9.

[79] South Dakota Department of Highway, "Reductoin Of Refletive Cracking By Use Of Imperative Membrane," 1974.

[80] 胡学亮. 聚酯玻纤布防治半刚性基层沥青路面反射裂缝的机理研究 [D]. 重庆交通大学, 2009.

[81] 江辉峰. 土工布在旧沥青路面补强设计中的应用 [J]. 中国市政工程, 2000 (4): 29-30.

[82] 薛成. 采用聚酯玻纤布对反射裂缝及新、旧路面拼接缝进行病害防治 [J]. 公路, 2006, (04): 225-228.

[83] 于春江. 聚酯玻纤布在防治路面反射裂缝上的应用 [J]. 中国公路, 2005 (21): 109-110.

[84] 唐家琪, 王豪. 路面专用土工布应力吸收夹层材料的应用与实践 [J]. 公路交通科技, 2006, (07): 75-77.

[85] 杨伟, 王曦林, 余剑英. 道路用应力吸收材料的发展现状 [J]. 国外建材科技, 2008, (01): 51-54.

[86] 郭忠印, 潘正中. 土工织物在路面工程中的应用技术综述 [J]. 公路, 2000, (09): 12-18.

[87] 薛明, 张俊. 沙漠地区沥青路面裂缝的防治技术 [J]. 城市道桥与防洪, 2007, (03): 22-25+115.

[88] 长安大学. 复合式路面应力吸收层研究 [R]. 陕西: 长安大学, 2012. 4.

[89] 新疆生产建设兵团勘测规划设计研究院. 垦区公路水泥稳定砂砾基层裂缝防治技术应用研究 [R]. 新疆: 新疆生产建设兵团勘测规划设计研究院, 2012.

[90] 陈文艳, 李莓, 韩慧娟. 土工合成材料防止反射裂缝分析 [J]. 公路交通科技 (应用技术版), 2014, 09: 1-3+19.

[91] JTG E50—2006 公路工程土工合成材料试验规程 [S]. 北京: 人民交通出版社, 2006.

[92] JTG B01—2014 公路工程技术标准 [S]. 北京: 人民交通出版社, 2014.

[93] JTG F40—2004 公路沥青路面施工技术规范 [S]. 北京：人民交通出版社，2004.

[94] JTG E60—2008 公路路基路面现场测试规程 [S]. 北京：人民交通出版社，2008.

[95] JTG/T F20—2015 公路路面基层施工技术细则 [S]. 北京：人民交通出版社，2015.

[96] JTG F80/1—2012 公路工程质量检验评定标准 [S]. 北京：人民交通出版社，2012.